VOYAGE DANS L'ÉGYPTE DES PHARAONS

VOYAGES DANS L'HISTOIRE DU MONDE

VOYAGE DANS LA ROME DES CÉSARS
De la République à l'Empire - 1er siècle av. J.-C. - 1er siècle ap. J.-C.

VOYAGE AU CŒUR DE L'EUROPE DU MOYEN ÂGE
L'âge des chevaliers - 11e-13e siècles

VOYAGE DANS LA CHINE DES EMPEREURS MANDCHOUS
Les souverains Qing - 17-18e siècles

VOYAGE DANS L'ÉGYPTE DES PHARAONS
Le Nouvel Empire, un âge d'or - 16e-11e siècles av. J.-C.

VOYAGE DANS LA GRÈCE DES TEMPS ANCIENS
Le monde grec du 8e au 6e siècle av. J.-C.

VOYAGE DANS LA RUSSIE DES TSARS
De l'Empire à la Révolution - 18-20e siècles

VOYAGE DANS LA FRANCE D'IL Y A CENT ANS
Les débuts de l'âge industriel

VOYAGE DANS L'EUROPE DE LA RENAISSANCE
Le temps de l'humanisme — 15e-16e siècles

VOYAGES DANS L'HISTOIRE DU MONDE

VOYAGE DANS L'ÉGYPTE DES PHARAONS

FLORENCE MARUÉJOL
illustrations
CATHERINE DE SÉABRA

Comité de direction éditoriale
Françoise Detay-Lanzmann
Martine Sassier

Direction de collection
Philippe Brochard
Martine Sassier

Direction artistique
Bruno Le Sourd

Coordination éditoriale
Bernard Duvivier

Conception de couverture
Gérard Finel

HACHETTE
Jeunesse

SOMMAIRE

L'ÉGYPTE DU NOUVEL EMPIRE

Le temple d'Hatshepsout à Deir el-Bahari, sur la rive gauche du Nil, à Thèbes.

En route pour le Nouvel Empire !

Pas besoin de bagages pour ce voyage-là. Notre destination ? Le Nouvel Empire d'Égypte, à 3 500 ans de distance. Qui nous accueillera ? Les Égyptiens eux-mêmes, dans leur intimité.

Quand le Nouvel Empire débute, seize siècles avant Jésus-Christ, l'Égypte hérite d'une culture très ancienne. On y connaît l'écriture, le calendrier — ancêtre du nôtre —, de nombreux dieux, une puissante administration et de merveilleuses pyramides qui sont vieilles, déjà, de mille années.

C'est un pays prospère, riche en or, en cuivre, en nombreux produits agricoles et en belles pierres de taille. Cependant, les Égyptiens ne sont pas satisfaits. Ils voudraient d'autres choses, ils rêvent d'autres horizons. Et ils partent à la conquête de pays voisins.

Les chemins de l'abondance

En réalité, les Égyptiens n'ont pas les mains libres, car le pays est occupé. Un peuple étranger, les Hyksôs, venus de Syrie et de Palestine, est installé en Égypte depuis trop longtemps. Aussi, le prince de Thèbes, un homme intrépide, décide de libérer le pays. De rudes combats s'engagent entre Égyptiens et Hyksôs. Ahmose ne ménage pas ses efforts et donne l'exemple à ses soldats. Sa hache et sa massue fracassent sans relâche les crânes qui passent à sa portée. Sa lance et ses flèches se plantent dans tout ce qui

Statue en bois de Piay, portier du temple d'Amon (1330-1300).

bouge du côté de l'ennemi. À bout de souffle, les Hyksôs lâchent prise et s'enfuient pour ne plus revenir. Ahmose monte sur le trône d'Égypte. Le voilà roi, le voilà pharaon. Le premier pharaon du Nouvel Empire !

Les rois qui lui succèdent sont, à son image, de vigoureux guerriers. Ils se lancent à la conquête de la Syrie-Palestine avec une armée solidement organisée et très disciplinée. Les villes et les petits États de cette contrée sont rapidement soumis. Leurs chefs doivent payer tribut au vainqueur : bois, céréales, bétail, métaux et vases précieux... prennent régulièrement le chemin de l'Égypte.

Cette situation ne plaît pas beaucoup aux populations vaincues. Elles ne manquent pas de comploter contre les Égyptiens et « oublient » de verser leur tribut. Belle occasion pour le pharaon d'intervenir avec son armée... Et aussitôt, tout le monde jure obéissance et vient verser son dû. D'autres campagnes militaires viennent à bout des Hittites et des Mitanniens, des peuples du Proche-Orient qui rêvent eux aussi de s'emparer de la Syrie-Palestine. Le pharaon en personne commande l'armée car il n'ignore pas que leurs attaques présentent un réel danger.

Tout au sud de l'Égypte, le roi cherche à reconquérir une ancienne colonie égyptienne, la Nubie. Et dans le même temps, il repousse les frontières de l'Égypte très haut sur le cours du Nil. De la 2e à la 4e cataracte. Il nomme un vice-roi de Nubie, qui aura pour principale mission de rassembler le tribut. Cet homme fait envoyer en Égypte de grandes quantités d'or, du bois d'ébène, de l'ivoire d'éléphant, des peaux de léopard, des plumes d'autruche, des girafes...

Une brillante civilisation

Architectes, scribes, tailleurs de pierre, sculpteurs et peintres s'activent comme des fourmis pour bâtir les temples des dieux et des déesses et pour creuser les tombes des hommes. L'Égypte et la Nubie ressemblent tout à coup à un vaste chantier de construction.

Avant toutes les autres villes, Thèbes, la capitale religieuse de l'Égypte, profite de ce vaste mouvement. Il faut dire, en vérité, qu'elle a pour dieu Amon, qui n'est autre que le roi des dieux. Sur la rive droite du fleuve, on construit pour lui le magnifique temple de Karnak. Le temple de Louqsor aussi.

Thèbes est séparée en deux par le Nil. La rive gauche est consacrée aux morts. Les Thébains se font enterrer dans les montagnes du désert. Mais personne n'aurait l'idée d'installer sa tombe n'importe où ! L'emplacement du tombeau dépend du rang des défunts. Les pharaons reposent dans la Vallée des Rois. Leurs épouses et les princes sont inhumés dans la Vallée des Reines. La Vallée des Nobles est réservée aux dignitaires : fonctionnaires, courtisans, militaires et prêtres.

La vie des riches s'améliore ; celle des humbles aussi

Comblés de cadeaux par le roi, les dignitaires mènent une existence fastueuse. Ils habitent de luxueuses villas où s'affairent de nombreux serviteurs. Leur maison renferme tout le confort nécessaire : salles de bain, meubles tels que chaises, fauteuils, tables et lits... Un vaste jardin, planté d'arbres et parsemé de bassins, invite à la promenade. Pour vaquer à ses occupations, le propriétaire dispose d'un char léger, tiré par des chevaux, comparable à celui des militaires.

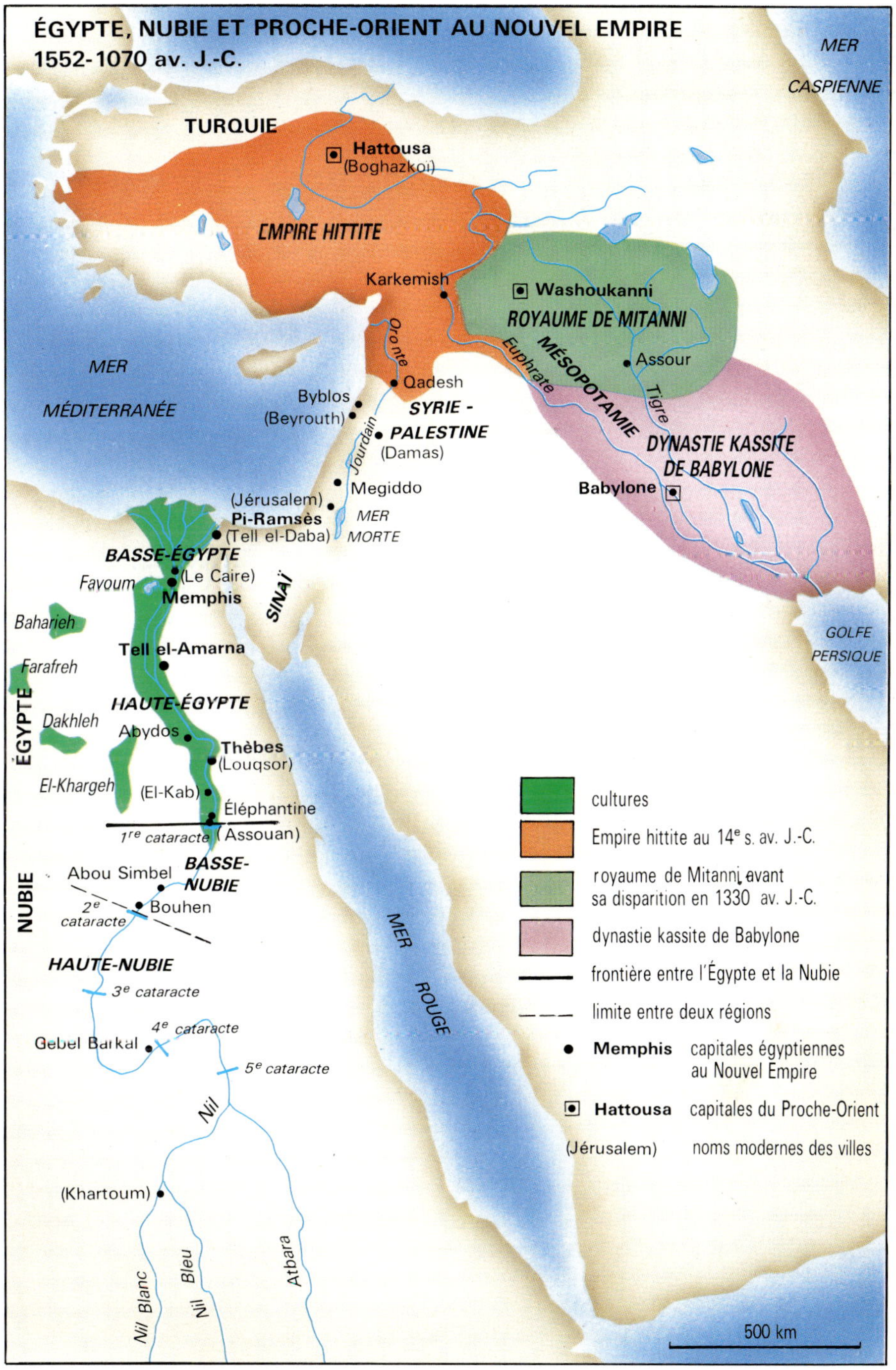

À grands traits, la société de l'Égypte ancienne...

Le roi, ou *pharaon,* est l'homme le plus riche et le plus puissant d'Égypte. Il nomme les *dignitaires* qui sont responsables de l'administration, de l'armée et du clergé. Ceux-ci veillent à la bonne gestion du pays. Ils organisent la défense et rendent le culte aux dieux. Ce sont les personnages les plus fortunés et les plus influents après le roi.

Des milliers de *fonctionnaires*, de *scribes*, de *militaires* et de *prêtres* exécutent les ordres du roi et des dignitaires. *Artisans* et *artistes* réalisent leurs commandes d'œuvres d'art, de meubles... Enfin, un *personnel domestique*, attaché en permanence à leur service, s'occupe de leur entretien et de leur bien-être. Tous ces gens forment une sorte de classe moyenne qui bénéficie d'une relative aisance.

Les *paysans* représentent la population la plus nombreuse du pays et la moins favorisée. Pourtant, ce sont eux qui nourrissent tout le monde.

Les *esclaves* existent en petit nombre. Ils ne tiennent pas une grande place dans la société égyptienne.

Les riches Égyptiens considèrent comme très importants leur toilette et leur habillement. Parfums, onguents et fards sont destinés aux hommes aussi bien qu'aux femmes. Celles-ci s'habillent de robes de lin finement plissées. Les hommes, d'un ou plusieurs pagnes et d'une chemise. Tous coiffent de lourdes perruques bouclées. De somptueux bijoux en or ou en faïence complètent leur tenue.

Le peuple des paysans et des petits artisans ne connaît pas un sort aussi enviable. Il vit de façon très simple, dans des maisons au confort rudimentaire, entouré de quelques rares objets ou ustensiles. Mais au moins, ce petit peuple n'est plus comme autrefois menacé par la famine. Il ne redoute plus les crues du Nil qui peuvent anéantir les récoltes. Les céréales et le bétail apportés des pays conquis servent de réserves pour les temps difficiles. On invente. Le chadouf, par exemple, qui sert à puiser l'eau et facilite ainsi la tâche des agriculteurs.

Sur la trace des Égyptiens du Nouvel Empire

Dans les pages qui suivent, rien n'est inventé. Ce sont les Égyptiens eux-mêmes qui nous ont raconté leur vie et leur histoire. Si vous voulez les rencontrer, suivez-nous en Haute-Égypte. Plus particulièrement dans les villes de Thèbes et d'Amarna. À Amarna, riches et pauvres nous accueillent dans leurs propres maisons. Ils nous guident à travers les pièces. Ils nous indiquent à quoi elles servent et comment elles sont aménagées. Les preuves sont là, sous nos pieds.

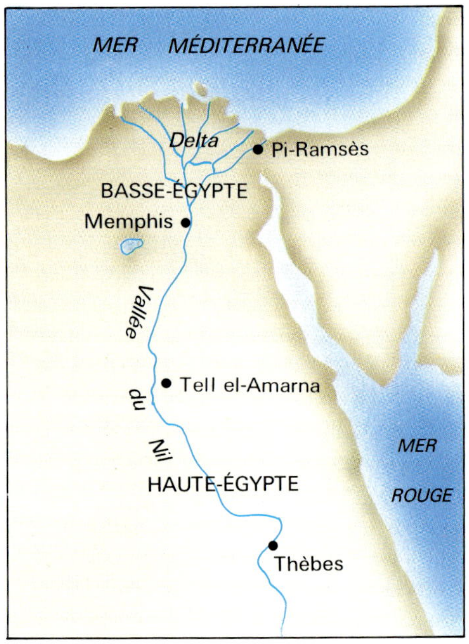

À Thèbes, les Égyptiens nous emmènent tout droit dans les tombes des dignitaires. Grâce aux représentations qui ornent les parois, nous pénétrons dans les ateliers des artisans. Dans les cuisines. Nous suivons les paysans aux champs. Nous partageons les occupations et les distractions des personnages importants. Dans les tombeaux, nous découvrons la vaisselle, les tissus, les meubles, les ustensiles de toilette, les bijoux, les instruments de musique... Car les Égyptiens, en aimant s'entourer de tous ces objets pour le grand voyage de la mort, nous ont laissé des renseignements infiniment précieux sur leur vie de tous les jours.

À Thèbes encore, nous irons dans les temples de Karnak et de Louqsor pour savoir comment on honore un dieu. Et si nous voulons en apprendre davantage, nous lirons les *papyri* et les *ostraca*. Sur ces documents, les scribes ont consigné les actes administratifs, comptables, judiciaires, les connaissances scientifiques, les romans et les contes, les prières que les prêtres adressent aux dieux, les menus événements de l'existence et bien d'autres choses encore. Ils l'ont fait en traçant hiéroglyphes et signes hiératiques. Mais nous n'aurons pas à les déchiffrer : des spécialistes, les égyptologues, s'en chargent et nous en apportent la traduction.

Pour nous, il est temps maintenant de partir pour le Nouvel Empire et de rejoindre nos amis égyptiens. ■

Relief peint représentant Hathor et Séthi Ier, et décorant une paroi de la tombe de ce pharaon, dans la Vallée des Rois.

MAISONS DE TERRE

Pour bâtir sa maison, l'Égyptien utilise ce qu'il trouve autour de lui : terre, paille, palmier, papyrus… Avec de tels matériaux, il ne peut pas espérer construire une demeure qui résistera au temps. Qu'importe ! L'essentiel est qu'elle reste debout au moins aussi longtemps que son propriétaire. Un danger menace cependant : la crue du Nil !

Chaque année, au mois de juillet, le fleuve inonde le pays et arrache tout sur son passage. Pour s'en préserver, les Égyptiens ont installé villes et villages sur des buttes de terre. Là, ils sont sûrs que l'eau n'emportera pas les maisons.

Des briques crues par milliers

Terre, paille et eau sont nécessaires pour confectionner des briques. Non loin du chantier de construction, vêtus de pagnes de travail qui ne craignent pas la saleté, les hommes font avec ces trois ingrédients une bouillie épaisse : l'un travaille à l'aide d'une houe, l'autre trouve plus pratique de faire cela avec les pieds. Dès qu'ils ont terminé, ils transportent le mélange dans des couffins vers un autre coin du chantier.

Aussitôt, d'autres ouvriers s'en saisissent. Avec leurs mains, ils remplissent les moules de bois qui donnent leur forme aux briques. Celles-ci sont soigneusement placées côte à côte. En quelques jours, le soleil les aura bien séchées. On pourra alors les utiliser.

◁ Tout à la main

Les maçons ne prêtent aucune attention aux oies qui circulent en toute liberté dans la ruelle du village. C'est un spectacle qu'ils connaissent bien. Ils sont d'ailleurs fort absorbés par leur occupation, car on a vite fait de se tromper en posant les briques.

Une couche dans le sens de la longueur, puis une autre dans le sens de la largeur. Une couche en longueur, une couche en largeur. Et ainsi de suite, jusqu'au sommet du mur.

Entre chaque couche, le maçon étale, avec le plat de la main, du mortier. C'est du pisé, fait de boue et de paille. De temps en temps, il vérifie que le mur est droit à l'aide d'une équerre, munie d'un fil à plomb. Si le fil s'immobilise au centre de l'équerre, tout va bien.

△ Une épaisse toiture

Deux ou trois séries de poutres, des feuillages de palmiers et, pour les toitures de meilleure qualité, des nattes de papyrus. Par-dessus le tout, une épaisse couche de pisé qui protège du froid, de la chaleur et de la pluie. Oui ! Il pleut parfois.

Les travaux touchent à leur fin ▷

Il ne reste plus qu'à poser le dernier cadre de fenêtre, en bois. Cette maison-là n'est pas celle d'un simple villageois. Elle est destinée à un riche dignitaire.

Comment savoir si le propriétaire est riche ou pauvre puisque toutes les maisons, y compris celle du roi, sont en briques crues ? On note d'abord les dimensions de la bâtisse. Plus elle est grande, plus celui qui y habite est riche. Puis on observe les portes, les peintures, les fenêtres... Chez les petites gens, on ne voit qu'une seule porte en bois ordinaire. Sur la façade, pas de pisé ni d'enduit blanc pour cacher les briques. Pas de jolis cadres autour des fenêtres. À l'intérieur, le sol est simplement de terre battue. Il n'est pas fait d'un dallage de briques, recouvert d'un bel enduit, comme chez les riches.

BIEN CHEZ SOI

À la fin de la journée, il y a encore beaucoup de remue-ménage dans la nouvelle maison du village. Une famille nombreuse, qui est venue l'occuper, se dépêche d'effectuer les derniers rangements avant la nuit.

Parents et enfants vivront désormais dans quatre pièces. Toutes sont au rez-de-chaussée. Il n'y a pas d'étage mais simplement une terrasse sur le toit. En venant de la rue, on pénètre d'abord dans l'entrée. De là, on passe dans la salle de séjour qui sert aussi de chambre. Deux portes, au fond de cette salle, donnent sur une autre chambre et sur la cuisine. Les ouvertures dans les murs extérieurs sont rares : on tient en effet à se protéger du soleil et de la chaleur durant l'été, et du froid en hiver. Un hiver malgré tout peu rigoureux, sans neige ni glace.

△
Une entrée à tout faire

Quel que soit l'animal que l'on possède, vache, chèvre, mouton..., on le loge dans l'entrée. C'est là aussi que l'on stocke — à bonne distance de l'animal — les provisions, le fourrage, les céréales qui nourrissent la maisonnée. C'est encore dans l'entrée que le maître de maison range ses précieux outils de travail.

Dans un coin de la pièce, s'élève un escalier qui mène à la terrasse. On y monte pour trouver la fraîcheur. Les femmes s'y installent pour travailler, les enfants pour jouer. Par les belles nuits d'été, on vient y dormir pour profiter de la douce brise du Nil.

△
Le sens du confort

Quelques tabourets bas, de pierre ou de bois, une table et un coffre en roseau, un divan en briques crues, voilà pour le mobilier. Près de la colonne, un petit foyer, enfoncé dans le sol, et, le long du mur, un bac posé sur le sol pour faire ses ablutions. Toutes les maisons n'ont pas la chance d'en posséder. Aussi, les enfants, émerveillés, se sont-ils déjà occupés du bois pour faire le feu et de l'eau pour se laver. Encore un coup de balai par terre, une natte sur le divan, et l'aménagement sera terminé.

Pas de meubles

Dans la chambre, pas de lits : on couche à même le sol. Une étagère et quelques corbeilles suffisent pour ranger le linge et les quelques objets que l'on possède. À la tombée de la nuit, pour allumer les lampes, on sort le briquet. Il s'agit d'un bâtonnet que l'on frotte contre une planchette de bois jusqu'à ce qu'une braise apparaisse, permettant d'enflammer la mèche.

▽

Une chambre à coucher luxueuse

Chez ce riche Égyptien, la mèche de la lampe à huile achève de s'éteindre. Pour passer une bonne nuit, l'homme s'est entouré de tout le confort possible. Il dispose d'un lit, garni d'un épais matelas. Sous sa tête, il a glissé un appui-tête en bois et un mince coussin. Et surtout, pas question de se séparer de son chasse-mouches ! Car les mouches sont présentes partout, en grand nombre.

Les gens riches ne recherchent pas seulement le confort. Ils apprécient aussi la beauté des objets, comme ce coffre en bois qui contient une couverture de laine.

▽

La chouette veille

Toutes les nuits, la chouette berce de ses ululements le sommeil des Égyptiens. Dans l'alphabet hiéroglyphique, elle représente la lettre M.

▽

DÈS L'AUBE, LES CUISINIERS

Pour les hommes et les femmes qui travaillent aux cuisines, la grasse matinée n'existe pas. Chez les gens simples, la mère de famille se charge de préparer les repas. Les maîtresses de maison plus aisées peuvent se faire aider par une esclave syrienne ou nubienne. Encore faut-il avoir les moyens d'en acheter une. Les riches Égyptiens, eux, ne se donnent aucun mal pour la nourriture. Un personnel nombreux s'en occupe à leur place.

Tous, riches et pauvres, consomment beaucoup de pain et de bière. La façon de les préparer est la même dans tous les foyers.

Du grain à la farine

On doit moudre le grain de blé ou d'orge deux fois. La première fois, on lui enlève ses enveloppes.

La jeune femme recueille dans son tamis les enveloppes du grain, le son. Les amandes de ce grain, dont on fait la farine, tombent dans le panier.

Tout en bavardant, penchées sur leur meule, les deux femmes écrasent les amandes avec une pierre. Elles obtiennent la farine.

Il est encore nécessaire de tamiser la farine pour la débarrasser de ses impuretés. Elle sera alors prête à l'emploi.

Du pain et des gâteaux

Pendant que le four chauffe, les boulangers préparent la pâte à pain, qu'ils utiliseront aussi pour confectionner de délicieuses pâtisseries. Des gâteaux fourrés aux dattes, par exemple. On ne connaît pas le sucre, mais le miel le remplace.

Du pain pour la bière

Les pains d'orge ont été légèrement cuits. Deux hommes, les brasseurs, s'en saisissent. L'un d'eux les jette dans la cuve emplie d'eau ; l'autre les piétine. Après avoir ajouté un peu d'ancienne bière, on ne touche plus à rien. Patience !

Quelques jours plus tard, quand les brasseurs retournent près de la cuve, l'épais liquide s'est transformé en bière. Mais on ne peut pas encore la boire : il faut d'abord enlever le pain.

De la cuve à la jarre

Petit à petit, on transvase le contenu de la cuve dans une grande jarre. Une passoire retient les plus gros morceaux, gorgés de bière : avec les deux mains, on les presse comme une éponge pour en extraire tout le liquide.

Malgré toutes les précautions, des miettes de pain se sont glissées à travers la passoire. Pour ne pas les avaler, on se servira d'un filtre au moment de boire.

La mise en amphore

Fabriquer de la bière tous les jours ferait perdre trop de temps. Alors, comme la bière se conserve très bien, les brasseurs en produisent de grandes quantités. Le filtrage terminé, ils en remplissent de grandes amphores à l'aide d'un petit vase : il s'agit de ne rien perdre de cette savoureuse boisson !

Il ne reste plus qu'à fermer le récipient, avec un bouchon de paille et d'argile humide qu'on applique avec les mains. Des marques sont imprimées sur le bouchon pour indiquer le lieu et la date de fabrication.

LES PRODUITS DU JARDIN

Les repas ne se composent pas seulement de pain et de bière. Même les gens peu fortunés agrémentent ces deux aliments de base par des légumes, des fruits, et quelquefois du poisson, frais ou séché. Rarement de la viande. Les cuisines des gens riches, en revanche, regorgent de volailles et de pièces de bœuf, de mouton ou de porc. Elles entreront dans de savantes préparations qu'élaborent les chefs cuisiniers.

On consomme tous ces produits frais, sauf les volailles qui peuvent être mises en conserve. Légumes et fruits sont cueillis dans le jardin, juste avant d'être consommés.

Ragoûts et rôtis △

De bonnes odeurs s'échappent par les fenêtres ! On reconnaît celle d'un ragoût de viande et de légumes qui mijote doucement dans une marmite. Le feu a été allumé dans un trou creusé à même le sol.

Là, c'est le fumet de petits canards qui rôtissent à la broche. Avec un éventail, le cuisinier attise sans cesse les braises du réchaud.

Sel, coriandre, cumin, ail, oignon assaisonnent les plats et en relèvent le goût.

L'eau indispensable

En Égypte, où la terre des jardins se dessèche vite, il faut arroser abondamment les fruits et les légumes. Mais puiser l'eau du canal est une tâche éreintante.

On a donc inventé le chadouf. En tirant sur la perche, on plonge le seau dans l'eau. Quand on la relâche, un poids ramène la perche vers le haut : le seau est plein !

L'eau, versée dans une petite canalisation de bois, rejoint la rigole qui serpente à travers champ ou jardin. ▽

Un potager soigné

Tout bon jardinier commence par diviser son terrain en carrés. Alors seulement, il se met à planter. Des salades, des oignons, des poireaux, des concombres, des courgettes, des melons. Puis il ajoute des fèves, des lentilles, des haricots et des pois chiches. Quelques asperges aussi.
Et du persil.

Pas de papyrus puisqu'il en pousse partout, à l'état sauvage, le long du fleuve et des canaux. Le bas de la tige de papyrus, bouilli, est un mets très apprécié.

Le verger est couvert de dattes, de figues, de jujubes et de caroubes. Les grenades et les pommes sont des fruits de luxe.

Déjà l'été !

Les pergolas, envahies par la vigne, vont bientôt retentir des cris des vendangeurs. C'est le moment de cueillir le raisin ! On en mangera un peu ; le reste sera envoyé au pressoir et transformé en vin.

Des crus renommés

L'atmosphère du pressoir est joyeuse et les plaisanteries vont bon train ! Les vignerons piétinent les grains de raisin tout en se tenant aux cordes qui pendent au-dessus d'eux.
On aurait vite fait, sinon, de déraper et de se retrouver assis au fond de la cuve !

Le scribe, quant à lui, n'a pas le cœur à rire. Il compte avec soin paniers et amphores. S'il s'amusait, il ferait des erreurs.

Le vin n'est pas aussi courant que la bière. Seuls les gens riches en consomment.

L'HEURE DE LA DOUCHE

Un peu d'eau ici et là ; un coup de rasoir rapide ou un tour chez le barbier : voilà la toilette quotidienne de la plupart des Égyptiens.

Dans les milieux fortunés, il en va tout autrement. On a le temps, chaque jour, de faire une toilette complète. Et l'on dispose pour cela de tout le nécessaire : salle de bain, domestiques zélés, huiles, onguents et parfums rares. Après s'être levé, on avale un « rince-bouche » — c'est le petit déjeuner. Puis on passe à la salle de bain...

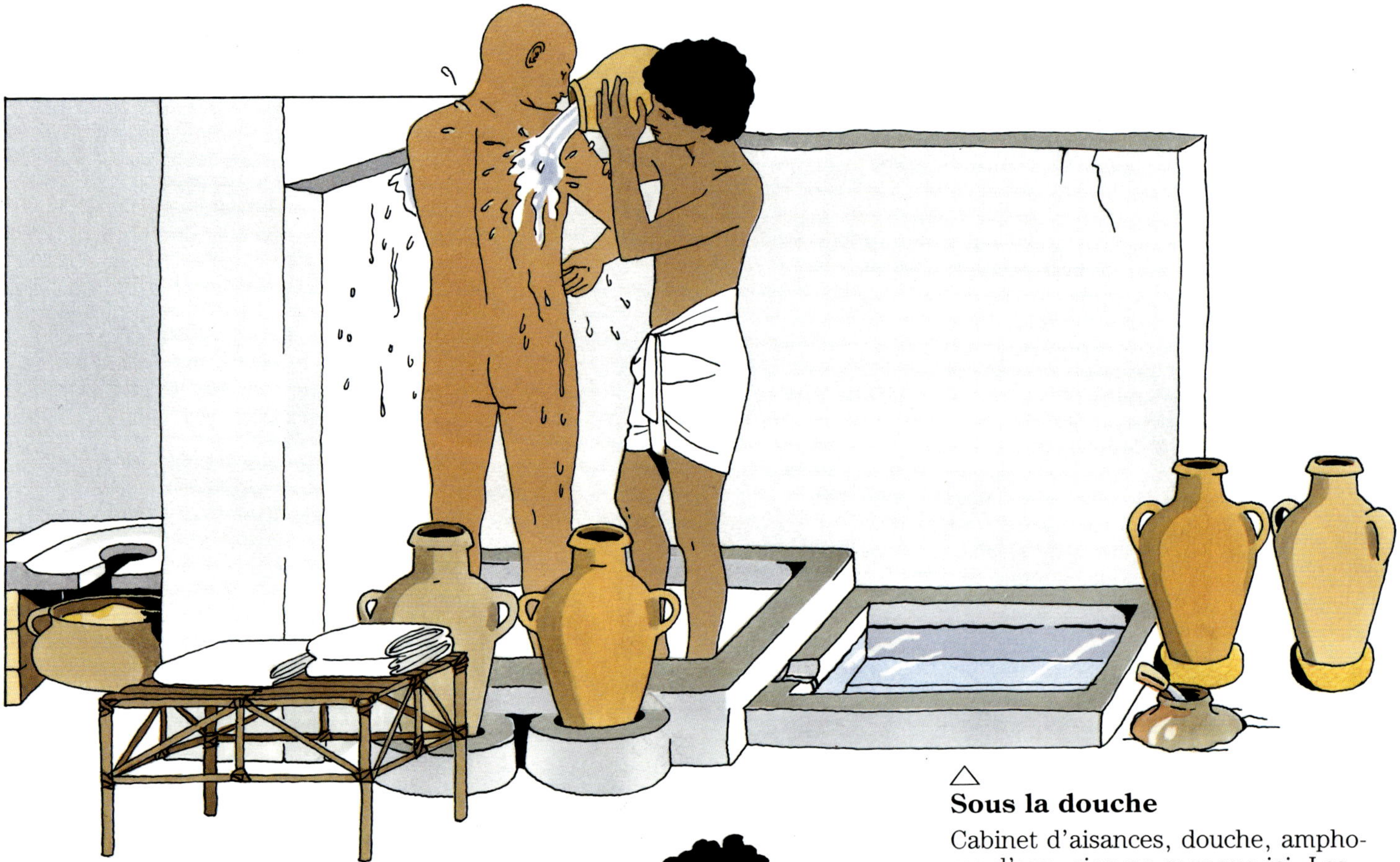

△
Sous la douche

Cabinet d'aisances, douche, amphores d'eau, rien ne manque ici. Les cabinets sont formés d'un siège de pierre et d'un vase amovible, rempli de sable. De l'autre côté de la cloison, la douche est en train de fonctionner. Un jeune serviteur arrose abondamment le corps de son maître. D'épaisses dalles de pierre protègent le mur de briques crues contre les éclaboussures. Deux bacs recueillent l'eau sale et la dirigent vers un vase que l'on videra lorsqu'il sera plein.

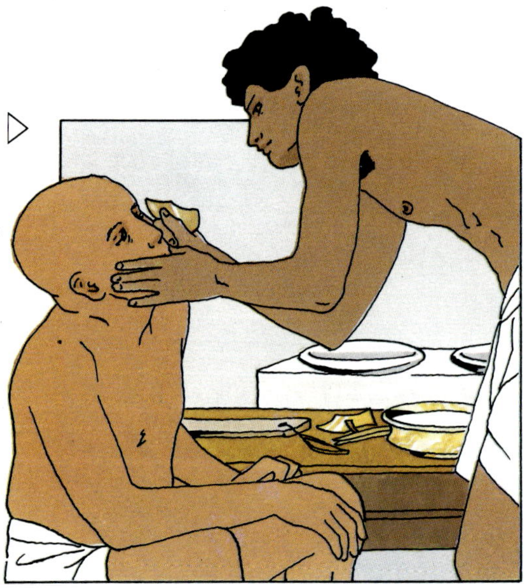

Sous la lame du barbier ▷

Le riche maître de maison dispose, bien entendu, d'un barbier à domicile. Après la douche, il le fait appeler. Avant de commencer son travail, l'homme ramollit la barbe avec un onguent. Puis il se saisit du rasoir. La lame de bronze, bien aiguisée, coupe les poils sans peine. S'il en subsiste quelques-uns, on les arrache avec une pince à épiler.

Très rares sont les Égyptiens qui portent la barbe ou la moustache. Ils n'aiment pas cela. Quand un deuil frappe une famille, les hommes se laissent pousser la barbe pour montrer leur chagrin.

△

Dernière main mise à la perruque

La fabrication d'une perruque est affaire de spécialistes. Eux seuls savent si le moment est à la perruque longue ou courte, et quelles boucles sont à la mode. Après avoir sorti la perruque du coffre, le coiffeur arrange les cheveux rebelles de son maître.

Faites avec des cheveux humains, les boucles factices sont fixées sur de la fibre de palmier. Pour les maintenir en place, on verse parfois dessus de la cire d'abeille.

△

Du fard et des parfums

Boîte en forme de canard, étui représentant un palmier, pots, vases et coupes recèlent les secrets de beauté de l'Égyptienne.

Lavée et coiffée, elle songe à se maquiller et à se parfumer. Une servante dessine le contour de ses yeux avec un bâtonnet trempé dans le khôl noir. Elle appliquera ensuite un fard de couleur verte sur les paupières.

Pendant ce temps, une autre servante enduit les bras de sa maîtresse d'huile parfumée. La noble dame surveille dans son miroir les gestes de ses femmes. À tout instant, elle vérifie si le résultat lui convient. Elle enfile des bijoux : aujourd'hui, portera-t-elle ce collier de faïence et les boucles d'oreilles assorties ? Ou plutôt une parure en or ?

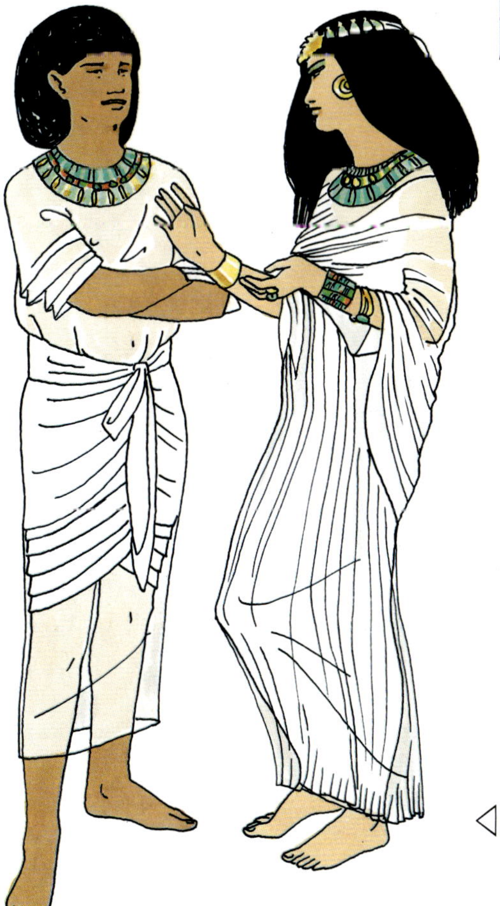

Enfin prêts !

Habillés de beaux vêtements de lin plissé, l'homme et son épouse échangent le salut matinal. Contrairement à d'autres couples, ces époux ne partagent pas la même chambre.

Frais et dispos, ils discutent maintenant de leurs occupations de la journée. Lui est un haut fonctionnaire de Pharaon. Il va passer de nombreuses heures à son bureau et régler des affaires importantes pour le pays. Sa femme, elle, ne quittera pas la maison. Elle inspectera la cuisine et supervisera le travail des domestiques un peu partout dans la maison. Et elle vérifiera que ses fils ◁ ne traînent pas au lit et qu'ils sont bien partis pour l'école !..

LA ROUTE DE L'ÉCOLE

Les enfants ne vont pas tous, loin de là, à l'école. Mais beaucoup de futurs scribes se recrutent pourtant dans les familles modestes. Les écoles qui accueillent ces enfants dépendent des administrations et des temples. Les fils des très hauts dignitaires, eux, fréquentent l'école du palais. Ils sont élevés avec les enfants royaux. Plus tard, ils seront les fidèles serviteurs de la royauté.

Les garçons entrent à l'école vers 5 ou 6 ans. Les filles n'y vont pas. Elles n'apprennent ni à lire ni à écrire. Elles restent à la maison avec leur mère. L'école en effet n'enseigne que les métiers d'homme : fonctionnaire, scribe…

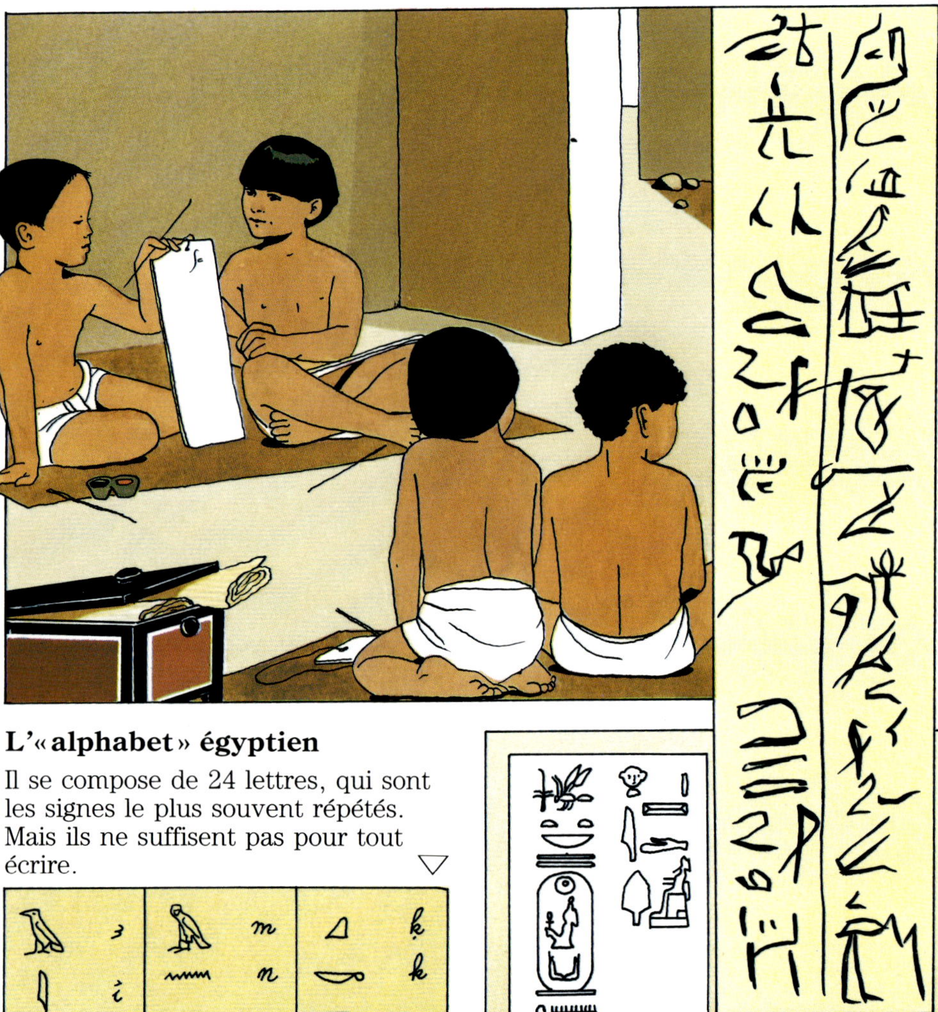

La dictée

◁ Il faudra faire beaucoup de dictées avant de savoir écrire ! Les enfants n'apprennent pas vite, car il y a beaucoup trop de signes à retenir : 600 exactement. Et puis, il existe deux sortes d'écriture. Les *hiéroglyphes*, qui dessinent des hommes, des animaux, des plantes… et qui décorent les murs des temples. Et les caractères *hiératiques*, qu'on emploie pour écrire sur le papyrus ou sur des éclats de pierre calcaire, les *ostraca*.

Beaucoup de patience !

De la patience, il en faut beaucoup au maître qui montre les signes. Ainsi qu'à l'écolier, qui recommence son hiéroglyphe jusqu'à ce qu'il soit réussi. Les élèves sont sages. Le maître n'hésite pas à user du bâton si cela s'avère nécessaire.
▽

L'« alphabet » égyptien

Il se compose de 24 lettres, qui sont les signes le plus souvent répétés. Mais ils ne suffisent pas pour tout écrire. ▽

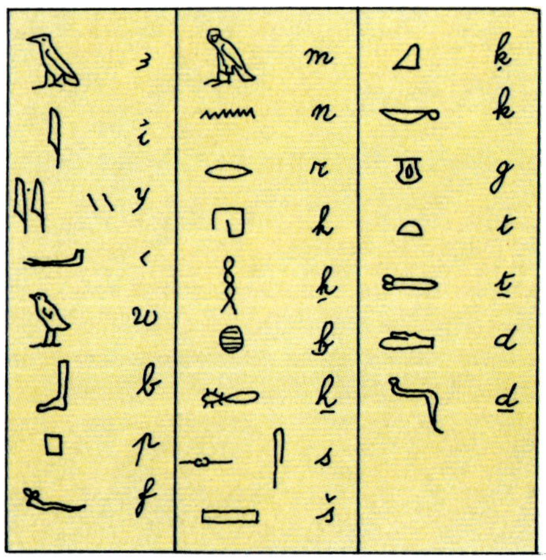

Les chiffres en hiéroglyphes

Avec les signes tracés ci-contre, on peut écrire tous les nombres. Si par exemple on veut écrire 40, on répète quatre fois le signe : ∩. Pour écrire 45 on ajoute cinq traits : |||||.

L'élève s'entraîne à écrire les chiffres en hiéroglyphes. Plus tard, quand il tiendra sa comptabilité sur papyrus, il utilisera les chiffres hiératiques.

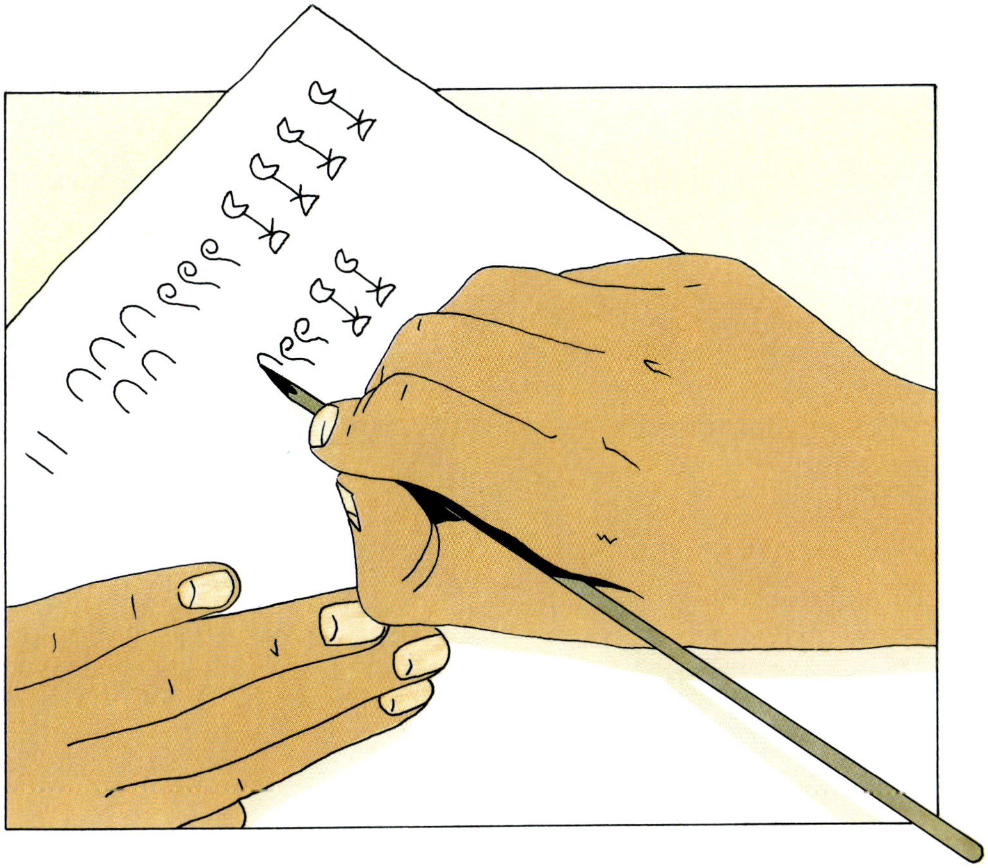

Le calcul est à l'honneur

Si on travaille mal en calcul, on ne pourra pas devenir scribe. Dans le pays tout entier, les scribes additionnent, soustraient, divisent, multiplient des céréales, des jarres de bière, des sacs de dattes, des quantités de métal...

Si l'Égypte est aussi prospère, c'est parce qu'elle sait exactement ce qu'elle gagne et ce qu'elle dépense.

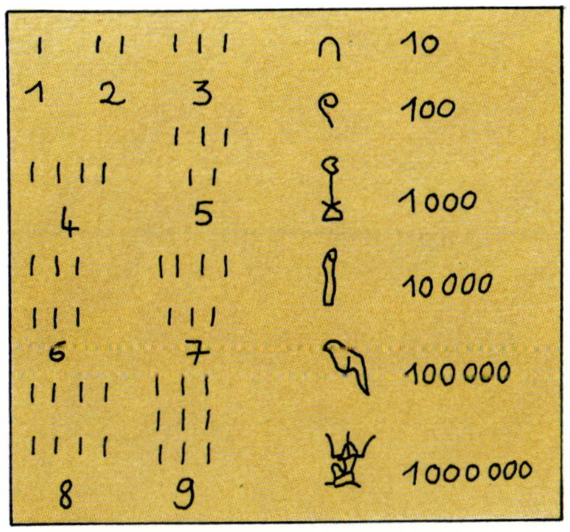

Le matériel du scribe

1. Rouleau de papyrus.
2. Coffre pour ranger les papyri et le matériel de scribe.
3. Palette. 4. Pinceau.
5. Mortier. 6. Broyeur.
7. Couleur ocre rouge.
8. Double godet à encre.
9. Couteau à papyrus.
10. Lissoir à papyrus.
11. Coudée (règle graduée mesurant 52,5 cm).

Un exemple à suivre

Dans la salle voisine de la classe, un scribe travaille. Les écoliers s'arrêtent sur le seuil de la porte et le regardent en silence. Quand ils seront grands, ils lui ressembleront.

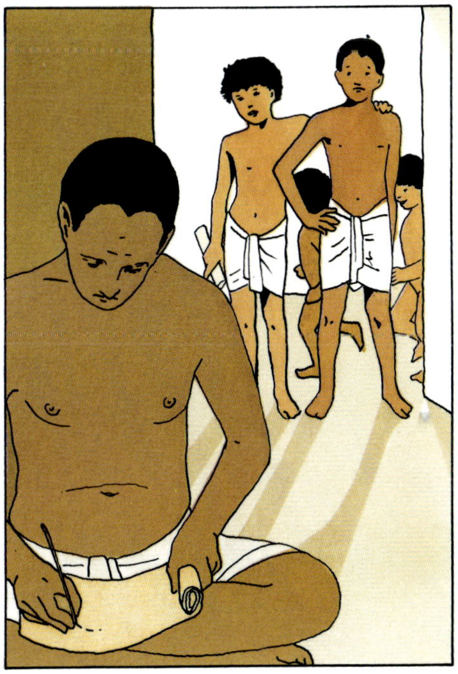

SUR LE MARCHÉ

Ne cherchez pas de magasin dans les villages : il n'y en a pas. On fait ses courses sur le marché : quelques abris de feuilles tressées, des paysans assis à côté de leurs paniers de fruits et de légumes, et des ménagères qui se bousculent pour se servir...

Seules les grandes villes possèdent des marchés importants. Là, ils s'installent aux endroits où passe beaucoup de monde. Au carrefour des grandes routes, par exemple. Ou sur le port. Des policiers surveillent la foule qui va et qui vient. Ils contrôlent ceux qui n'habitent pas la ville. Accompagnés de lévriers, ils dissuadent les malfaiteurs de voler les marchandises.

Tout en remplissant leur cabas, les Égyptiens apprennent et commentent les nouvelles. Aux quatre coins du marché, on parle de ce qui se passe en ville, des événements qui agitent le reste de l'Égypte, la Syrie-Palestine et la Nubie... Les équipages de marins et les étrangers ne se font jamais prier pour raconter ce qu'ils ont vu et entendu au loin.

Deux oies pour le prix d'une!

Les marchands crient très fort pour attirer l'attention des clients. Il y a tant de choses à acheter qu'on ne sait plus où regarder. Les légumes, les fruits, les volailles, les poissons occupent la plus grande partie du marché.

Quand on est raisonnable, on se procure d'abord de quoi manger. Ensuite seulement, on visite les autres échoppes. On s'arrête devant les sandales de cuir ou de roseau, devant les éventails et les paniers en papyrus. On tâte les étoffes en lin blanc. On s'assied sur les tabourets, on caresse les appuis-tête qui servent d'oreillers. On soupèse les vases de céramique. On se contemple dans un miroir de bronze. Plus loin, une taverne vend des boissons. On pourra s'y désaltérer.

▽

NI PIÈCES NI BILLETS

Une Égyptienne veut deux concombres et une salade : elle propose au marchand de les échanger contre dix petits pains. Le marchand en demande douze. C'est trop ! S'il ne change pas d'avis, elle ira ailleurs...

On ne paie pas ses achats avec de l'argent, mais en donnant quelque chose en échange : des pains, des volailles... Pour les achats importants, on estime d'abord le prix en *deben.* C'est l'unité de calcul qui sert à évaluer la valeur des marchandises par rapport à un étal, cuivre, or... mais pas à payer. Un bœuf coûte 120 deben : l'acheteur offre deux pots de graisse - 60 deben -, cinq pagnes - 25 deben -, un vêtement - 20 deben. Marché conclu ! Le client emporte le bœuf.

△
Un troc très précis

Grâce au poids de pierre qu'il a déposé sur l'un des plateaux de la balance, le poissonnier sait très exactement ce que pèse la marchandise. Il détermine alors son prix, c'est-à-dire ce qu'il demande en échange.

DE LA FERME AUX PÂTURES

Que ce soit dans les enclos des fermes ou dans les prés, les animaux se comptent par milliers. L'élevage tient une très grande place dans la vie des Égyptiens. Les plus grands troupeaux appartiennent au pharaon, à l'État et aux temples. Les riches dignitaires élèvent aussi des animaux dans leur domaine, mais en moins grand nombre.

Le paysan possède parfois une paire de vaches ou de bœufs pour tirer l'araire, une charrue antique, dans le champ. Ou un âne qui transporte les lourdes charges. Parfois, il engraisse un cochon, soigne un mouton ou une chèvre. Certains pourtant n'ont rien du tout : ils doivent louer un attelage lorsque vient le moment de labourer la terre.

Dans l'enclos des porcs

Ils ont de hautes pattes, le groin allongé et les oreilles en pointe. En attendant leur pâtée, les porcs se promènent de long en large. Deux fois l'an, ils participent aux travaux agricoles. L'hiver, ils enfoncent les grains que l'on a semés en terre. L'été, sur l'aire de dépiquage, ils aident le paysan à séparer les grains de la paille en piétinant les épis de blé ou d'orge.
▽

Des animaux nobles

Les chevaux n'ont qu'une seule fonction : tirer les chars de guerre et ceux des hauts dignitaires. S'ils vont dans les champs, ce n'est jamais attelés à l'araire, mais pour accompagner leur maître dans sa tournée d'inspection. On monte rarement sur leur dos ; seuls quelques soldats le font.
▽

◁ **L'heure des soins au bétail**

Les bouviers sont nombreux à s'affairer dans l'étable. Les bêtes meuglent car elles ont faim. Il faut soigneusement les attacher pour qu'elles ne s'échappent pas. Le petit veau, lui, reste auprès de sa mère. Un des hommes apporte du fourrage et un sac de grains. Un autre, à l'aide d'une corde, oblige une vache à ouvrir la gueule. Bientôt, ce sera le moment de traire les bêtes aux mamelles gonflées de lait.

Voraces

Les chèvres se précipitent vers les arbres pour dévorer leurs feuilles savoureuses. Et personne, aujourd'hui, ne les chasse à coups de bâton. Les bûcherons, au contraire, les laissent faire, car ils n'auront pas à tailler le feuillage des arbres qu'ils auront abattus.

Les chèvres sont élevées pour leur viande et pour leur lait. Avec leurs poils, on fabrique certains tissus. ▷

Par ici, le grain ! ▷

Oies et canards ne se font pas répéter ce cri deux fois. Ils se ruent sur les grains qu'on leur jette.

Non loin, derrière une clôture de roseaux, des pigeons, des tourterelles, des pintades et des grues cendrées s'ébrouent dans leur volière. Il y a aussi des cailles qu'on a capturées à la chasse. Mais pas de poules, ni de coqs, ni de poussins !

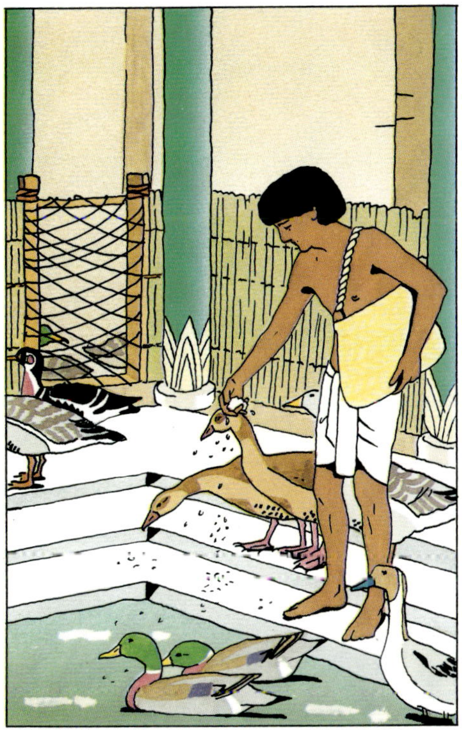

Sous l'œil des crocodiles

Les bouviers ont mené leur troupeau paître en bordure des marécages, là où l'herbe pousse, tendre et drue. Les animaux se régalent. Leurs gardiens se sont installés à proximité, dans une cabane de roseaux qui les abritera aussi pendant la nuit. L'un d'eux joue de la flûte pour se distraire, mais l'autre guette les crocodiles qui se tiennent certainement, quelque part, à l'affût.

▽

△

Une bonne prise

Les marécages, c'est le domaine de la loutre. Les nouveaux venus, hommes ou bêtes, ne la troublent pas. Elle part à la pêche comme à l'accoutumée. Celle-ci vient de capturer un gros poisson !

AVEC LES SAISONS

Le paysan est debout dès le lever du jour. Plus ou moins tôt, selon la saison.

Trois saisons se partagent les 365 jours et les 12 mois de l'année. Celle-ci commence en juillet, avec la saison de l'Inondation. Jusqu'en octobre, le fleuve Nil déborde et recouvre les terres. En novembre, il regagne son lit et marque ainsi le début de l'hiver, la saison des Semailles. En mars, arrive l'été, qui porte le nom de saison des Récoltes.

Le paysan est rarement propriétaire de son champ. La terre appartient au roi, aux temples, aux administrations ou aux grands du pays. Le paysan travaille la terre de tout le monde. Soit comme ouvrier agricole, et il reçoit alors un salaire fixe. Soit comme locataire. Dans ce cas, il remet au propriétaire une partie de sa récolte à titre de loyer.

△

La saison de l'Inondation

Les travaux des champs sont interrompus : il n'y a rien à faire puisque la terre est sous l'eau. On en profite pour exécuter de grands travaux.

Dans une carrière, les tailleurs de pierre ont achevé un obélisque avant l'arrivée de la crue. Grâce à la montée des eaux, les bateaux peuvent accoster tout près du géant de pierre. Sinon, il faudrait tirer l'énorme charge sur des centaines de mètres, au prix d'un effort gigantesque.

Après avoir voyagé paisiblement sur le fleuve, l'obélisque sera dressé dans un temple.

◁ **La saison des Semailles**

Dès que l'eau se retire, le paysan s'attaque à de nombreux travaux. Il lui faut d'abord curer les canaux et réparer les dégâts causés par la crue. Sinon, l'eau ne peut plus être distribuée dans les champs et c'est la mort des plantations.

Ensuite, on laboure avec des houes ou bien un araire tiré par un attelage de bœufs. Et l'on sème le blé ou l'orge.

La moisson à la faucille

Les arpenteurs ont tendu leur corde entre les bornes blanches qui délimitent le champ. Le scribe a noté sur ses papyri la distance qui les sépare. Le petit groupe se dirige maintenant vers un autre champ. Le paysan est libre de couper ses épis. Sa faucille est munie de dents de silex.

La saison des Récoltes

Les arpenteurs approchent, munis de leurs cordes et de leurs bâtons. Ils viennent chaque année, quand les blés sont mûrs, afin de mesurer les champs et d'évaluer les impôts. Après leur passage, personne ne peut plus tricher, car certains agriculteurs, pour ne pas payer ce qu'ils doivent, n'hésiteraient pas à jurer que leur récolte a été détruite.

Le dépiquage

Après les avoir récoltés, on dépose les épis à l'extérieur du village, sur une aire spécialement aménagée. Puis on y lâche les moutons ou les cochons, qui les piétinent abondamment. Les grains se détachent alors des épis, et il ne reste plus qu'à les ramasser.

Sueur et poussière

Il faut encore vanner les grains, pour les débarrasser de la paille et des petits déchets. Les hommes plongent des coupes de bois dans les tas de grains et lancent le contenu en l'air. Le plus haut possible. Les grains retombent sur le sol. La paille, plus légère, est emportée par le vent. Pour se protéger de la poussière, on s'enveloppe les cheveux d'un tissu.

Après cette opération, les grains sont prêts. Le propriétaire des champs va recevoir la part qui lui revient. Comme il habite loin de là, des navires viendront chercher ce chargement et le transporteront jusqu'à sa résidence.

DANS LA RÉSIDENCE DU MAÎTRE

De nombreux bâtiments entourés de jardins, potagers, vergers, étables... voici la résidence d'un grand dignitaire. À son service, des cuisiniers, des jardiniers, des vignerons, des bergers. Des artisans aussi, qui réalisent les objets dont la maisonnée a besoin. Les fileuses et les tisserands fabriquent les tissus et les vêtements. Les menuisiers façonnent les meubles. Les corroyeurs préparent les cuirs. Ils ont leurs propres ateliers. Le maître les loge et les nourrit. En échange de leur peine, un petit salaire leur sera versé en nature, c'est-à-dire en céréales, en bière, en légumes...

△

Dans les greniers, une fortune

Ce matin, un bateau lourdement chargé a accosté au pied de la résidence. Il apporte la part de grains versée par les paysans pour cultiver la terre.

Immédiatement, les scribes descendent sur la rive, munis de leurs instruments d'écriture. Mais les enfants, curieux, ont couru plus vite et sont arrivés avant eux. Un à un, on sort du navire les sacs que les scribes enregistrent. Puis on les achemine à dos d'homme ou d'âne vers les greniers.

On déverse les sacs dans de curieuses constructions de briques, pourvues d'un orifice. Au-dessous, dans l'obscurité, le grain coule et s'entasse. D'autres scribes, encore, calculent avec précision la quantité déposée dans chaque grenier. Pendant un an, jusqu'à la récolte suivante, on puisera ici la nourriture et les salaires des occupants de la résidence.

Du lin et un fuseau

On peut bavarder et faire du bon travail en même temps. Les fileuses connaissent si bien leur ouvrage qu'elles l'accompliraient les yeux fermés ! Leurs doigts manipulent les fibres avec rapidité.

Assises à même le sol, elles prennent quelques fibres de lin et les entortillent les unes aux autres. Elles préparent ainsi un fil grossier qu'elles enroulent en pelote. Une autre femme s'en saisit alors et le roule encore une fois entre ses doigts. Elle en a fixé l'extrémité à un fuseau qui, tournant rapidement sur lui-même, tord le fil et le rend très fin et très solide.

Trois chevilles

Le fil court entre les doigts de la fileuse. À chaque fois que le fuseau touche le sol, elle le ramasse et enroule le fil sur la tige. Peu à peu, une pelote prend ainsi forme.

Quand celle-ci est terminée, on tend le fil sur trois chevilles de bois fixées au mur. De là, on l'introduira directement entre les barres du métier à tisser.

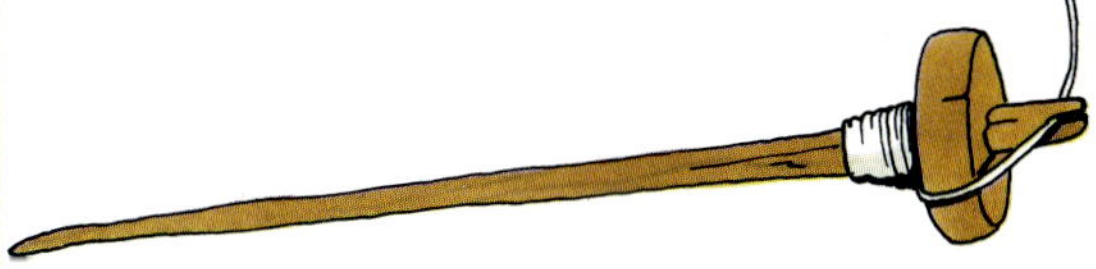

Le va-et-vient de la navette

Bien assis sur leur tabouret de pierre, les hommes travaillent devant un métier à tisser vertical. À rythme régulier, la navette circule d'un côté à l'autre du métier. À rythme régulier, le battant tasse le fil déposé par la navette.

Ensuite, il ne sera pas difficile de transformer une partie de ce tissu en vêtement. Il suffit de le passer autour du corps. Noué au niveau de la ceinture, c'est un pagne. Attaché sous la poitrine, c'est une robe. On fait le moins de coutures possible : un point ici ou là, simplement, pour fixer une bretelle ou fermer une chemise.

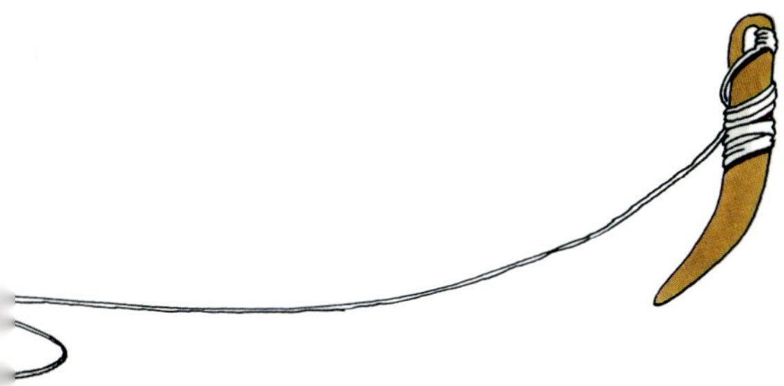

INSPECTION DANS LES ATELIERS DU CUIR

Les artisans du cuir ainsi que les menuisiers bénéficient de vastes ateliers. Ils ont en effet besoin de beaucoup de place pour emmagasiner leurs matières premières : les peaux, le bois.

Chacun réalise une tâche bien définie, c'est-à-dire que personne ne suit la fabrication d'un objet du début jusqu'à la fin. Celui qui tanne les peaux d'animaux n'est pas le même que celui qui les étire ; c'est un autre qui découpe le cuir et c'est un autre encore qui perce et coud les sandales. Cela est vrai pour tous les métiers artisanaux.

À l'exception du filage et parfois du tissage, ces métiers sont réservés aux hommes.

◁ **Dans le bourdonnement des mouches**

Attirées par la forte odeur des peaux de bêtes, les mouches envahissent l'atelier. Il y en a tant qu'on ne se donne même plus la peine de les chasser.

Le chef des artisans accompagne le maître en tournée d'inspection. Ils observent avec intérêt les travaux de tannage qui transforment la peau en cuir. À l'intérieur de grandes jarres, les peaux trempent dans un produit qui les empêchera à jamais de pourrir. Elles y restent plusieurs mois avant d'être mises à sécher sur le sol.

L'artisan étale alors la peau sur un établi de bois. Et patiemment, il enlève les poils à l'aide d'une pierre au tranchant bien aiguisé.

La peau est presque prête. Il ne reste plus qu'à l'assouplir, en l'étirant de toutes ses forces. Pour accomplir ce geste, l'un des hommes préfère prendre appui sur un billot de bois.

◁ ▽

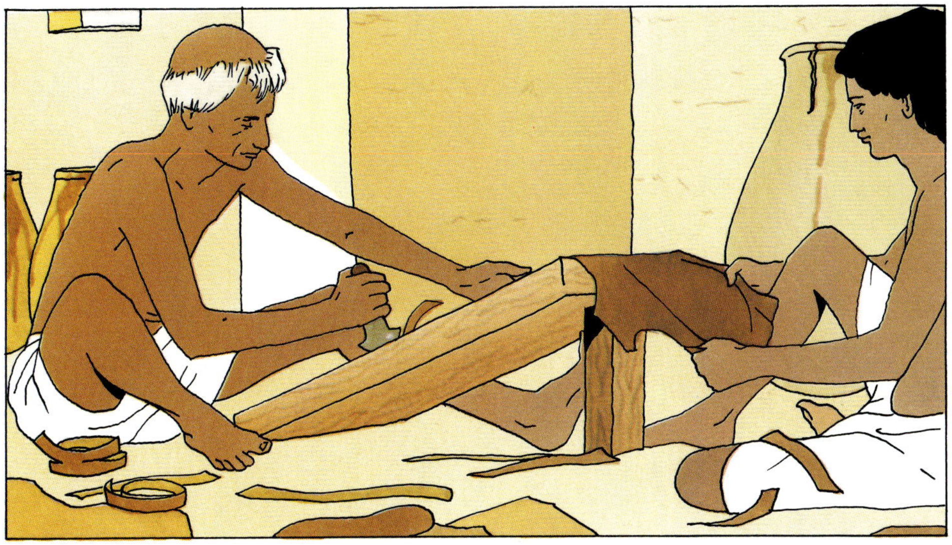

◁ **Sous le fil du couteau**

Maintenant, le cuir est prêt. On le découpe selon le contour de l'objet à réaliser. S'il est destiné, par exemple, à faire des sandales, on y taille des semelles et des lanières, avec une lame en bronze ou en cuivre, bien aiguisée. Sa forme arrondie lui permet de tourner facilement tout en incisant le cuir.

Pieds nus ▷

Pour faire une sandale confortable, on coud plusieurs semelles ensemble. Avec une alêne — une sorte de lame longue et très pointue —, on perce des trous où passeront les lanières.

Les sandales de roseau sont beaucoup plus courantes que celles de cuir mais, de toute façon, les Égyptiens préfèrent marcher pieds nus. Ils ne portent des sandales que lors de certaines cérémonies. Ou lorsqu'ils craignent d'entamer l'épaisse corne qu'ils ont sous les pieds...

Le cuir, partout

Peaux de gazelle et d'antilope, de vache, de mouton et de chèvre... Les Égyptiens en font toutes sortes d'objets. Des housses de coussin, des bandes fixées aux sièges et sur lesquelles on s'assied, des lanières tendues entre les montants des lits pour servir de sommier. Des pagnes pour s'habiller et des sandales pour se chausser. Les étuis pour les arcs, les carquois pour ranger les flèches, les boucliers qui sont indispensables aux soldats. Les brides et les rênes pour diriger les chevaux. Les colliers et les laisses des chiens. Des outres pour la boisson. Des peaux pour les tambours et les tambourins. Des rouleaux pour écrire, qui remplacent quelquefois le papyrus...

▽

LES HOMMES DU BOIS

Menuisiers et ébénistes fournissent à leur maître son mobilier : fauteuils, chaises, tabourets, tables, lits, appuis-tête et coffres de rangement. Certains sont destinés à la maison. D'autres, les plus jolis souvent, sont mis en réserve pour la tombe. À la mort du maître, ils iront meubler sa dernière demeure.

On utilise surtout du bois provenant d'Égypte. Du bois d'acacia, de sycomore, de caroubier, de figuier, de palmier ou de tamaris. Le cèdre du Liban ou l'ébène d'Afrique sont réservés aux ouvrages de luxe. C'est le roi qui les reçoit des pays étrangers. Parfois, il en donne des morceaux, en guise de récompense, à certains de ses dignitaires.

◁ **On livre le bois**

Attention ! On se pousse, devant ! C'est lourd !

Les bûcherons apportent le bois brut. Avec leur hache, ils ont déjà débarrassé les troncs de leurs branches inutiles et de leur écorce. Les menuisiers, pendant ce temps, poursuivent leur ouvrage. L'un d'eux, avec une scie, refend une forte planche qu'il a attachée à un poteau. Quand la scie parvient au niveau de la corde, l'homme déplace le lien, et il poursuit son travail. Il n'a besoin d'aucune autre aide.

À coups de hache ▷

Le menuisier place toujours, à portée de main, sa pierre à aiguiser et une corne de vache pleine de graisse. Une lanière lui permet même de porter sa pierre à aiguiser autour du cou.

Il la frotte souvent sur la lame de sa hache, car celle-ci doit être bien tranchante pour pouvoir dégrossir un bloc de bois.

À gestes délicats

Ici, les outils sont plus petits et plus précis. À l'aide d'une herminette, l'un des hommes égalise la surface d'un long rectangle de bois. Son compagnon sculpte un autre morceau de bois qui, peu à peu, se transforme en un gracieux pied de chaise en forme de patte de lion.

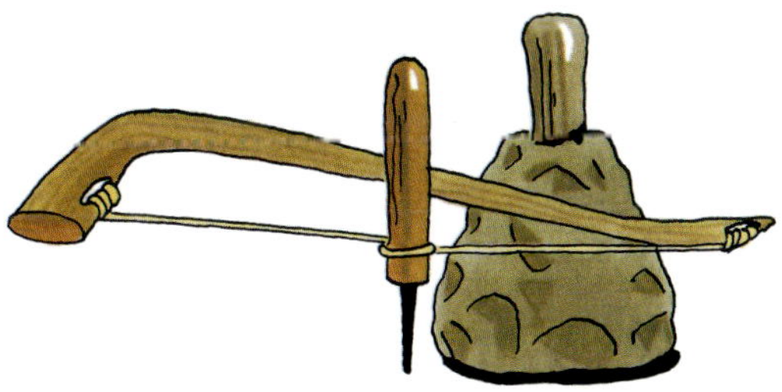

Trépan et maillet

Le trépan à archet, avec son arc, sa corde et son ciseau, fore le bois. L'artisan tient le ciseau verticalement, tout en poussant l'arc d'avant en arrière. La corde fait tourner le ciseau qui s'enfonce dans le bois.

Le maillet est une sorte de gros marteau taillé dans un morceau de bois dur.

Ciseaux et herminette

La pointe des ciseaux est en bronze ou en cuivre. Il en existe de toutes les formes : des larges, des fines, des longues, des courtes. L'herminette est formée d'une lame liée à un manche en bois par une lanière de cuir.

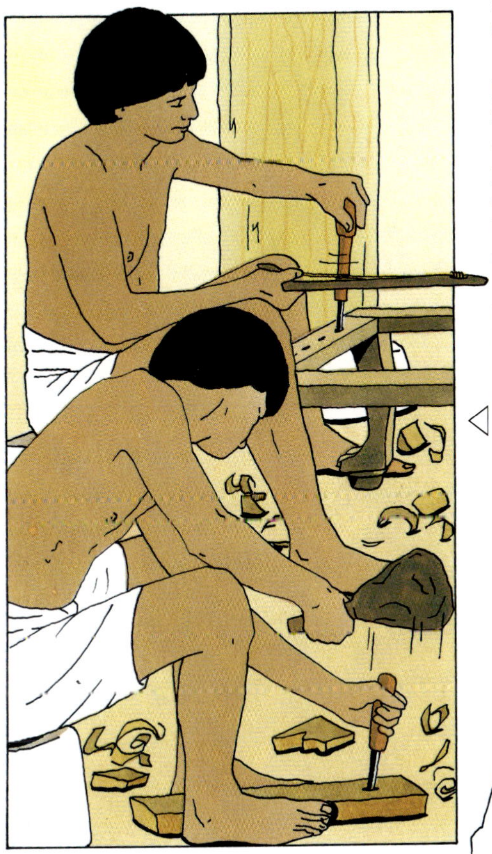

Les finitions

Il reste encore une chose à faire avant de décorer le meuble : polir le bois pour effacer toutes les imperfections et obtenir une surface bien lisse. Il faut pour cela une pierre rugueuse et... beaucoup d'énergie !

Dans un recoin de l'atelier, chauffe un mélange de plâtre et de colle : le stuc. On applique sur le bois une couche épaisse de cette matière, à l'aide d'un pinceau large. Quand elle aura séché, on achèvera le décor avec pinceaux et peinture.

Des trous, petits et grands

La chaise est bien avancée. Les pieds sont terminés. Les montants aussi. On entame ceux d'une autre chaise.

Sous les coups du maillet, le ciseau pénètre dans la planchette de bois et façonne une mortaise. Dans cette cavité, le pied de la chaise prendra place. On l'y maintiendra avec des chevilles — de courtes tiges de bois —, car on n'utilise pas de clous de métal.

Quand la chaise est montée, on perce des trous pour fixer le cannage ou les lanières de cuir sur lesquels on s'assiéra. Pour exécuter de petits trous réguliers, l'artisan se sert de son trépan à archet.

UNE RÉCEPTION RÉUSSIE

Les Égyptiens aiment s'amuser et se distraire. Ils apprécient beaucoup une journée passée entre amis. Rien n'est trop beau pour recevoir, ni les mets variés, ni la vaisselle de faïence peinte, ni les fleurs disposées ici et là pour décorer la maison. Ce jour-là, on n'hésite pas à déboucher des amphores de vin.

Après avoir vidé quelques coupes, les convives sont bien gais. Les conversations s'animent. On rit. On échange des nouvelles. Et soudain, paraissent les musiciens et la troupe de jolies danseuses. Les cris de joie retentissent dans l'assemblée !

◁ **Un dernier coup d'œil**

Les invités vont arriver d'un instant à l'autre ! Vite, la maîtresse de maison inspecte l'immense salle de réception. Il manque encore des fleurs sur ce plat. Des fruits sur le guéridon.

Il n'y a pas de grande table autour de laquelle les gens se grouperaient pour manger : uniquement des petites tables basses et des guéridons où l'on pose les mets et les boissons. À côté, on a disposé les sièges qui accueilleront deux ou trois personnes. Familier de la maison, un singe mâchonne furtivement une fleur qu'il a chapardée sur l'un des plats.

Le premier accueil

À peine les invités viennent-ils d'entrer qu'ils se lavent les mains et les pieds. Une fois essuyée, cette dame se fera enduire le corps, par une servante, d'huiles et d'onguents aux arômes délicieux, répartis dans des coupes et des flacons. Enfin, on placera sur sa tête, comme sur celle des autres convives, un cône de graisse parfumée.
▽

Avec les doigts

Pas de couverts : on mange avec les doigts. À deux mains, on saisit les canards, les pigeons, les cailles et autres volatiles, pour y mordre à belles dents.

Pour le ragoût de fèves, de lentilles ou de haricots, il faut plonger un bout de pain dans le plat et le garnir de viande et de légumes que les cuisiniers ont tout exprès coupés en petits morceaux.

Un charme envoûtant

Lentement, les danseuses font onduler leur corps au son des instruments. Elles effectuent quelques mouvements gracieux. Mais elles n'ont pas encore montré tout leur savoir. Quand le rythme va s'accélérer, elles exécuteront des figures difficiles, telles que le pont ou la roue, ou même plusieurs sauts périlleux.

La dernière mélodie à la mode

Impossible d'imaginer une fête sans musique, que ce soit entre amis ou pour célébrer un dieu.

La flûte, simple ou double, est l'instrument le plus répandu. Beaucoup de gens savent en jouer. En revanche, la harpe est réservée aux musiciens de métier. Mais… les spectateurs tendent l'oreille : voilà un instrument qu'ils ne connaissent pas ! C'est une lyre. Les Égyptiens l'ont découverte chez leurs voisins asiatiques, de même que le luth. Dans cet orchestre, aujourd'hui, il n'y a ni tambour ni tambourin. C'est une jeune femme, en frappant des mains, qui donne le rythme.

Les airs de musique ne sont pas notés sur des partitions ; les musiciens les connaissent par cœur.

JOURNÉE DE DÉTENTE

Chasse et pêche offrent aux dignitaires une détente très agréable. Les autres Égyptiens, eux, en tirent d'importantes réserves de nourriture. Aussi les uns et les autres n'utilisent-ils pas les mêmes méthodes. Celles des dignitaires sont très sportives. Pour les autres, ce sont l'efficacité et la rapidité qui comptent, et ils prennent les poissons ou les oiseaux par dizaines. Le dignitaire se moque de la quantité. Il se contente de quelques prises, où il aura fait preuve de fougue et de ruse. Les marais, les champs ou le désert sont le domaine des chasseurs. La pêche se pratique dans le Nil, dans ses marécages ou, pour les moins téméraires,... dans le bassin des villas.

Morne journée !

Les poissons, aujourd'hui, refusent obstinément de mordre à l'hameçon. Mais ce n'est pas très grave ! Ici, on ne pêche pas pour survivre...

Tandis qu'il guette sa ligne et taquine les poissons du bassin, le dignitaire oublie ses soucis. Il se fait dorloter par sa femme et ses serviteurs qui sont aux petits soins pour lui. Bien installé sur un tabouret, il va bientôt déguster une bonne bière. ▽

Au cœur des marais △

On remonte les filets lourdement chargés : la pêche a été bonne ! Les barques de papyrus, silencieuses, glissent sur l'eau, manœuvrées à l'aide de longues perches de bois. Les hippopotames ne s'en inquiètent pas et continuent à mâcher du papyrus. Un pluvian, tout aussi calme, s'apprête à nettoyer la gueule du crocodile.

◁ Beaucoup d'adresse

Affolés par le bruit, les oiseaux s'envolent. C'est le moment que le chasseur attendait. Vite, presque instinctivement, il lance son bâton de jet avec force. Et là-bas, une oie tombe à terre, étourdie. Les serviteurs qui accompagnent les chasseurs iront récupérer l'oiseau.

Un père a emmené son petit garçon à la chasse pour commencer à lui enseigner cette technique délicate. On ne peut pas employer n'importe quel bâton de bois. Il doit avoir une forme recourbée et être bien équilibré.

Une chasse à l'arc

Le dignitaire organise quelquefois une de ces parties de chasse qu'il aime tant. Des serviteurs ont d'abord planté dans le désert une série de piquets. Ils y ont accroché un filet, délimitant ainsi un enclos d'où les bêtes sauvages ne peuvent plus s'échapper.

Après être descendu de son char, le maître approche, arc et flèches en main. Les chiens suivent. Gazelles, antilopes, mouflons, bouquetins, autruches, hyènes, renards et lièvres courent en tous sens et tentent de s'échapper. Mais rien n'y fait ; une à une, les flèches s'abattent sur eux.

▽

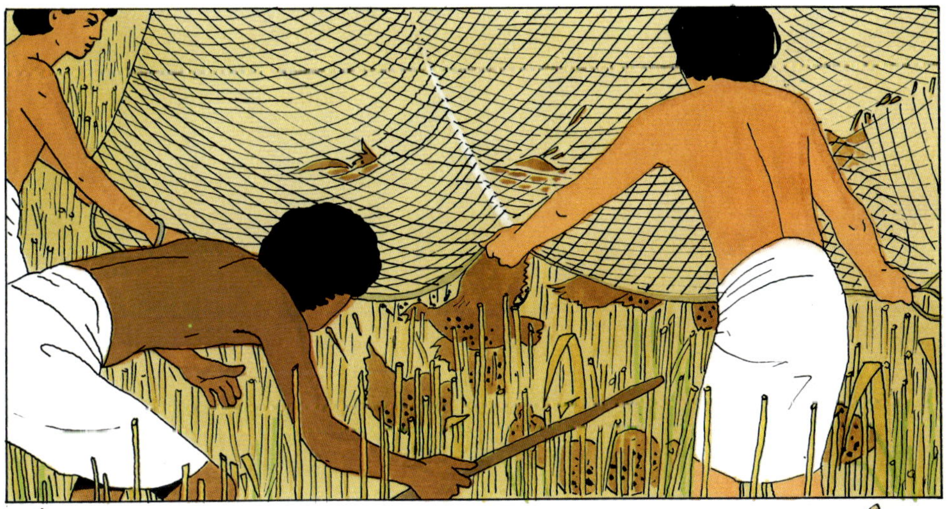

△ Des cailles dodues

Après les récoltes, les cailles viennent nombreuses dans les champs de blé, attirées par les grains tombés à terre. Elles nichent dans les chaumes.

Chaussés de sandales et armés d'un grand filet, des hommes progressent dans le champ. Plus loin, leurs compagnons frappent les chaumes avec des bâtons pour effrayer les volatiles et les rabattre vers les chasseurs. Les oiseaux volent par bonds, droit devant eux, et tentent de s'enfuir. Mais le filet est là. C'est fini ! Il n'y a plus qu'à ramasser les cailles empêtrées dans les mailles et à les enfermer dans des cages.

JOUR DE FÊTE À THÈBES

C'est la fête d'Opet à Thèbes. La statue d'Amon, le roi des dieux, quitte son temple de Karnak pour se rendre à Louqsor. Bien que trois kilomètres seulement séparent les deux temples, le voyage durera plusieurs heures.

Tout le monde s'est levé de très bon matin pour avoir une place sur le passage du cortège. Car c'est un événement qu'il ne faut pas manquer : la statue ne sort de son temple que deux fois l'an. La première fois, aujourd'hui, pour cette fête d'Opet. Lors de la seconde, pour la fête de la Vallée, elle se rendra sur l'autre rive de la ville, dans la cité des morts. Elle séjournera quelque temps dans les temples funéraires, voués à son culte et à celui des pharaons. Mais le peuple ne la suivra pas de ce côté-là du Nil.

L'instant d'émotion

Hommes, femmes, enfants... Une foule considérable se presse sur le parvis du temple. Tout le monde retient son souffle car les battants de la porte s'ouvrent. Le roi marche en tête de la procession. Enfin, le dieu est là, dans la chapelle de la barque divine que les porteurs emmènent lentement.

Personne dans cette foule ne verra le dieu, dont la statue reste dissimulée dans sa chapelle portative.

▽

En remontant le fleuve

Dans le port attenant au temple, une barque de taille réelle attend. Elle va transporter la statue divine jusqu'à Louqsor.

Mais d'autres navires voyagent ce jour-là. Mout, l'épouse d'Amon, et Khonsou, leur fils, sont du voyage eux aussi, sous forme de statues. Les gens qui se pressent sur les quais reconnaissent bien la barque d'Amon aux têtes de bélier dressées à la poupe et à la proue. Celle de Mout est ornée d'une tête de femme, celle de Khonsou, d'une tête de faucon.

Le roi et la reine s'installent dans leur propre barque. Bientôt, les navires quitteront le port et remonteront lentement le canal qui relie le temple au Nil. Sur les quais, la foule crie sa joie et acclame son roi et ses dieux.

La traversée de Thèbes

À la sortie du canal, les barques rejoignent le cortège qui est resté sur la terre ferme. Les grands dignitaires se disputent le glorieux privilège de haler les navires divins. Ces bateaux en effet ne naviguent ni à la voile ni à la rame. On les tire depuis la rive.

Devant les haleurs, marchent des musiciens. Les hommes jouent du tambour, du luth et de la trompette. Les femmes, du tambourin, du sistre et du claquoir. Des danseurs agitent les bras tandis que des danseuses se livrent à des acrobaties.

Les soldats aussi sont à l'honneur. Voilà les porte-enseignes. Viennent ensuite les fantassins, avec leur lance et leur bouclier. Et qui donc est ce conducteur de char qui paraît si fier ? C'est l'écuyer royal, celui qui mène les chevaux de Sa Majesté.

Oui ou non

Avant de goûter le repos dans le temple de Louqsor, la statue d'Amon doit accomplir une dernière mission : rendre l'oracle.

La fête d'Opet est un jour exceptionnel, où n'importe qui peut approcher le dieu — sans le voir — et lui poser des questions concernant son propre avenir ou ses affaires. La question est écrite sur un petit éclat de pierre, posé devant la statue.

« Deviendrai-je chef ? », demande l'un. La barque s'incline vers l'avant : c'est « oui » ! « Ai-je le droit à l'héritage ? », demande un autre. La barque s'incline vers l'arrière : la réponse est « non ».

L'ENCEINTE SACRÉE

Le soleil n'est pas encore levé. L'obscurité plane encore sur le temple. Soudain, quelques lumières surgissent. Quelques bruits. Quelques silhouettes : comme dans tous les temples d'Égypte à cet instant, les serviteurs du dieu s'éveillent.

Le temple est entouré d'un long mur qui délimite le périmètre sacré, cet enclos où ne peut circuler que le personnel du dieu. Entre le temple proprement dit et le mur d'enceinte, se trouvent les cuisines, les magasins, les ateliers des artisans, les maisons des prêtres et le lac sacré. Parmi tous les gens qui vivent dans cet espace, seuls les prêtres, aussi appelés prophètes, et les porteurs d'offrandes sont admis dans le temple lui-même. Et seuls, le roi et les premiers prêtres du temple peuvent contempler la statue divine.

Un bain matinal

À peine sortis du lit, les prêtres font leur toilette ; un bain qui doit les rendre propres et purs. C'est la condition indispensable pour pénétrer dans le temple : laisser au-dehors toutes les souillures qui contamineraient la maison du dieu.

Le prêtre se rase les cheveux et la barbe. Il s'épile les poils des jambes et des bras. Cette toilette se fait avec un soin minutieux car, une fois dans le temple, rien n'empêche plus les impuretés de faire du mal à la statue divine.

Les soins du ménage

Dans les salles réservées aux offrandes de nourriture et de boisson, les prêtres de rang inférieur nettoient les tables et les guéridons avec de l'eau. L'encens qui brûle dans des coupes purifie l'air.

L'énorme machine que représente le temple vient de se mettre en route. À partir de ce moment, tous les gestes, tous les rites ont pour but de redonner vie à la statue du dieu après son sommeil de la nuit. On souhaite aussi le maintenir en bonne santé et combler ses désirs en entretenant sa demeure avec soin, en récitant des hymnes et des prières...

Les dieux ont faim et soif...

Bien sûr, il faut régulièrement nourrir la statue. Maintenant que tout est propre, les porteurs d'offrandes arrivent avec l'eau, le vin, le lait, la bière, les légumes, les fruits, la viande, le poisson...

D'un côté, défilent les porteurs chargés des mets qui sortent des magasins et des cuisines. De l'autre, ceux qui sont allés recueillir l'eau sacrée dans le puits.

Si l'on ne répète pas fidèlement tous ces gestes, chaque jour, les dieux sont capables de se fâcher ! Et l'Égyptien croit que, s'il ne remplit pas scrupuleusement ses devoirs envers les dieux, il recevra une punition très sévère. Par sa faute, le monde n'existera plus. Maisons, hommes, femmes, animaux, tout disparaîtra et sera englouti dans un océan d'eau et de boue. C'est de cet océan que les dieux ont, un jour, sorti la terre et les hommes.

Au nom du roi

L'un des premiers prophètes du temple s'est avancé jusqu'à la porte du sanctuaire. Le moment est solennel. Il dénoue la cordelette et brise les sceaux d'argile appliqués la veille pour condamner la porte. Derrière, s'étend la salle la plus sacrée du temple : celle qui abrite le dieu. Dans quelques minutes, la statue s'éveillera.

Le prophète remplace ici le roi d'Égypte qui, seul, peut normalement rendre le culte aux dieux. Mais, comme il lui est impossible d'être présent dans tous les temples en même temps, il a désigné des prêtres pour agir en son nom.

Au lever du soleil

À distance respectueuse, le chœur des prêtres se fait entendre. À ce moment précis, les premiers rayons du soleil caressent le temple. La statue s'éveille au son des hymnes et des prières chantés par les prêtres, tandis que le prophète pénètre dans le sanctuaire.

Ce jour même, lorsque les prêtres auront fini leur service, ils quitteront le temple et rentreront chez eux, en ville. Ils demeuraient au temple depuis un mois déjà. Un autre groupe va prendre la relève pour un nouveau mois.

Sitôt hors de l'enceinte sacrée, les prêtres retrouveront leur femme et leurs enfants. Ils ont en effet le droit de se marier, comme tous les autres Égyptiens. Ils sont en quelque sorte des fonctionnaires, attachés au service des divinités.

DANS LE SANCTUAIRE, AU CŒUR DU SECRET

Chaque matin, dans tous les temples d'Égypte, petits et grands, les statues des divinités s'éveillent. Quand le prêtre ouvre les portes, le sanctuaire est plongé dans le noir. Il allume vite les cierges qui remplacent ceux de la veille. Il s'occupe de donner à manger à la statue ; il lui fait sa toilette ; il l'habille... Deux autres services auront lieu dans la journée : celui du midi et celui du soir. Mais ils seront moins complets. Ils se déroulent autour du sanctuaire dont les portes, cette fois, restent closes.

Sur les parois du sanctuaire, des reliefs montrent le roi et le dieu. Jamais les prêtres. Le roi est en effet le seul homme autorisé à rendre le culte, et c'est lui seul qu'on fait figurer auprès des dieux. Même si, dans la réalité, ce sont les prêtres qui approchent le plus souvent la statue.

La demeure du dieu

Quand il est sur terre, et non au ciel, le dieu habite une statue. Une statue très précieuse, en or, qu'on renferme dans une petite chapelle, le *naos*. La nuit, le dieu quitte cette enveloppe terrestre. Au matin, le prêtre ouvre la porte du naos et s'applique à faire revenir le dieu dans la statue. Il pose pour cela ses mains sur la sculpture, en récitant les prières du réveil, les mêmes qu'entonne le chœur des prêtres au-dehors du sanctuaire.
▽

La plus belle des offrandes

La petite figurine est à l'image de la déesse Maat. Elle représente tout ce qu'on peut offrir au dieu. Cela va des aliments et des boissons à la justice et à l'ordre du monde.

À cette offrande symbolique, le prêtre ajoute un repas qui, lui, est bien réel. Dans la salle des offrandes, il fait un choix de mets qu'il dépose sur un plateau et le place devant la statue. L'esprit de celle-ci mange l'esprit de la nourriture. Sans toucher à rien. L'aspect extérieur des légumes, de la viande... ne change pas. Quand le dieu est rassasié, la nourriture est distribuée aux prêtres et aux serviteurs du temple.

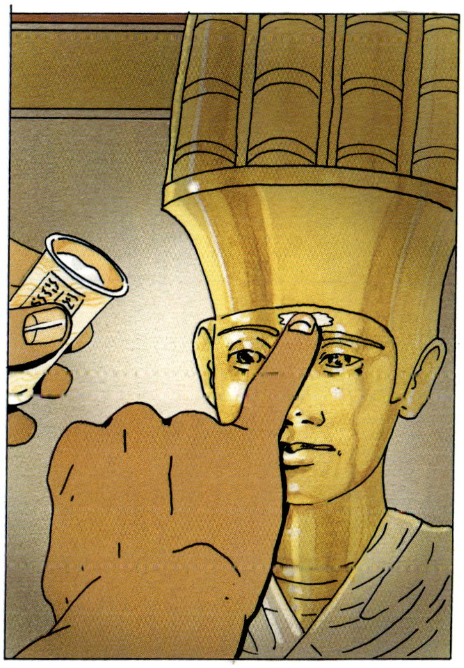

Un peu d'eau et des tissus

Le prêtre accomplit alors la toilette de la statue. Il la lave avec un peu d'eau pure et sacrée. Il lui présente ensuite quatre bandes d'étoffe : une blanche, une rouge, une verte et une bleue — ce qui équivaut à changer ses vêtements.

La paix du sanctuaire

Encore un peu d'onguent sur le visage, et la statue sera parée jusqu'au lendemain. Elle retourne dans son naos. Le prêtre referme les battants de la porte, met la cordelette et applique le sceau d'argile. Puis il quitte le sanctuaire à reculons, en effaçant ses traces de pas avec de l'eau et un balai.

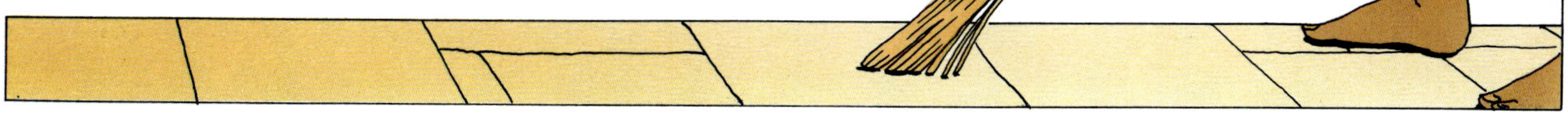

MISÈRES HUMAINES

Comme tout le monde, l'Égyptien a son lot de soucis et de peines. Vol, dispute autour d'un héritage, refus de payer le juste prix d'un loyer ou d'une marchandise, non-respect d'un contrat... Si on ne parvient pas à résoudre ces problèmes tout seul, ou avec l'aide des dieux et de leurs oracles, on peut porter plainte devant le tribunal. Les juges, qui sont choisis parmi les personnages importants de la communauté, se réunissent. Le scribe est convoqué.

Quand le cas est grave, les juges communiquent le résultat de leur enquête au vizir, qui est aussi ministre de la Justice. C'est lui qui prononcera la sentence. Le tribunal de la cour royale ne s'occupe que des grands criminels : pilleurs de tombes royales, conspirateurs...

Les tourments de l'Égyptien ne s'arrêtent pas à ces soucis judiciaires. À chaque instant, la maladie le guette. Et il la redoute, bien que médecins et magiciens s'efforcent de la combattre.

Que justice soit faite !

Aujourd'hui, c'est l'affaire du vol d'un outil qui rassemble les magistrats. Les interrogatoires sont menés tambour battant. Quelques coups de bâton bien appliqués accélèrent les réponses et facilitent les aveux de l'accusé. Le plaignant et l'accusé s'adressent directement aux juges, car il n'y a pas d'avocat pour parler en leur nom. Soigneusement, le scribe rédige le procès-verbal de la séance sur son papyrus. Quand le procès sera terminé, il rangera ce document dans les archives.

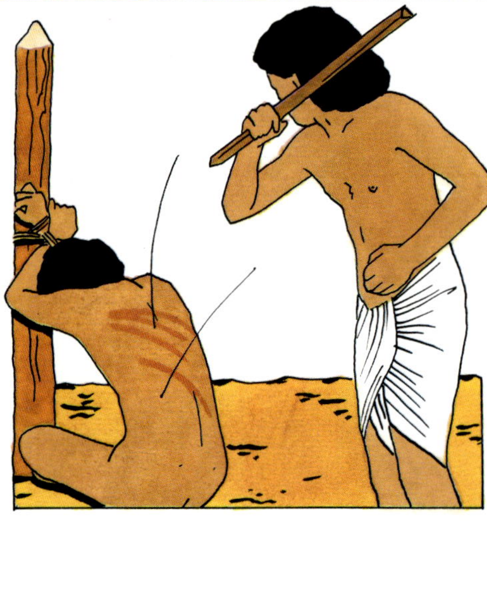

Coups de bâton

L'accusé a avoué son forfait. Les juges le déclarent coupable. Il est condamné à rendre l'objet volé et à subir la bastonnade.

Pour ceux qui volent le pharaon ou l'État, les peines sont beaucoup plus sévères. Selon la gravité du délit, un coupable recevra 100 coups de bâton et 5 blessures ouvertes, ou bien même, il aura le nez et les oreilles coupés. Il pourra encore être déporté dans une colonie. Ceux qui ne paient pas leur loyer sont voués aux travaux forcés. L'assassinat est puni de mort.

Une mauvaise chute

Ce pauvre homme, en tombant, s'est fracturé la clavicule. Étendu sur le lit du médecin, il laisse échapper quelques gémissements. Dans son malheur, il a une certaine chance car le chirurgien sait réduire ce genre de fracture. Il y en a d'autres dont on ne réchappe pas.

Le médecin remet en place l'épaule, afin que les deux parties de l'os brisé se rejoignent. Cela fait, il applique une pommade sur la blessure et enveloppe la fracture de bandes de tissu de lin. Le patient devra renouveler ses pansements jusqu'à complète guérison.

Inhalations contre la toux

Un malade, qui tousse violemment, est venu consulter le médecin. Celui-ci ouvre un livre, très pratique, qui contient la description des symptômes des maladies. Il apprend immédiatement s'il peut, ou non, guérir son patient. Les remèdes lui sont indiqués.

Au chapitre concernant la toux, il peut lire : « Une dose de myrrhe, ou gomme résine ; une dose de résine aromatique ; une dose de pulpe de dattes. À broyer ensemble. Tu iras chercher 7 pierres et tu les feras chauffer au feu. Puis, tu apporteras l'une d'elles et tu poseras dessus une partie de ce médicament. Tu la recouvriras avec un vase propre, dont le fond aura été perforé. Tu mettras ensuite la tige creuse d'un roseau dans ce trou et tu placeras ta bouche à cette tige, de telle sorte que tu avales la vapeur qui s'exhale. De même pour les six autres pierres. » Le médecin n'a plus qu'à aider son patient à réaliser l'ordonnance.

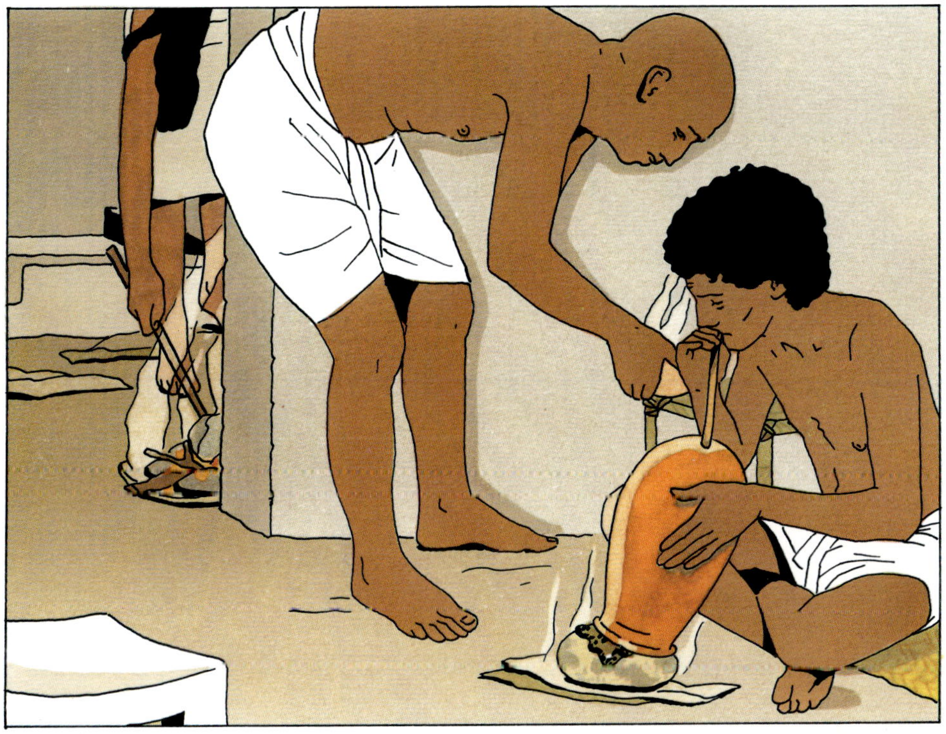

Rakarabouna ! Rakarabouna !

Le médecin est loin de toujours sortir vainqueur de sa lutte contre la maladie. Lorsque le mystère reste entier, le patient consulte alors le magicien. C'est parfois son dernier espoir de salut.

Il achète des cordelettes nouées. Il trempe un papyrus couvert de formules magiques dans l'eau, et la boit. D'autres potions, plus étranges encore, sont faites à base de carapace de tortue, de sabot d'âne, de graisse de souris... Une de ces recettes promet tout simplement de transformer un vieillard... en jeune homme !

POUR LE DERNIER VOYAGE

Le rêve de tout Égyptien est de posséder une grande et belle tombe. Une tombe qui comprend une chambre pour la momie, et une salle où les vivants déposent à boire et à manger pour le défunt et sa statue. Une tombe ornée de reliefs et de peintures qui aident le mort à subsister dans l'au-delà.

Hormis rois ou reines, seul le riche dignitaire peut s'offrir une telle sépulture. À la condition toutefois qu'il commence à la creuser et à la faire décorer le plus tôt possible. Car la mort ne prévient pas. Quand elle frappe, il n'est plus temps de s'occuper de son tombeau.

△

Un petit coin dans le Gébel

Les cimetières sont installés dans le Gébel, la montagne. Il faut s'y rendre et commencer la recherche d'un emplacement libre sur le site réservé aux dignitaires. Si l'on creuse sa tombe là, ne va-t-on pas rencontrer le caveau de quelqu'un d'autre ?

Comme il n'existe pas de plan d'ensemble de la nécropole, on doit trouver la réponse tout seul. Est-ce que la pierre calcaire du Gébel est de bonne qualité dans ce secteur ? Est-elle assez solide ? Ne faut-il pas craindre les éboulements ?

Dès que l'on a fixé son choix, on fait appel aux ouvriers. Ils attaquent la roche à coups de maillet et de ciseaux de bronze. Certains ciseaux font éclater la pierre ; d'autres égalisent la paroi. Tous les débris sont évacués dans des couffins que l'on vide à l'extérieur même de la tombe.

Une paroi bien lisse

Les ouvriers qui affinent la paroi sont arrivés sur le chantier. L'un ponce le mur avec une pierre râpeuse. L'autre cache les irrégularités en appliquant, à l'aide d'une taloche, un crépi de plâtre. Si la roche calcaire n'est pas de bonne qualité, on la recouvre entièrement de plâtre.

▽

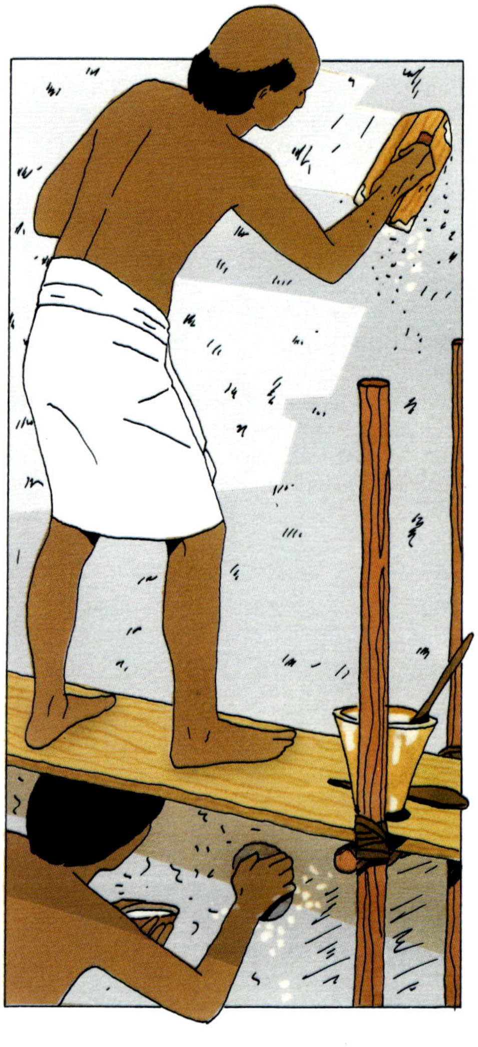

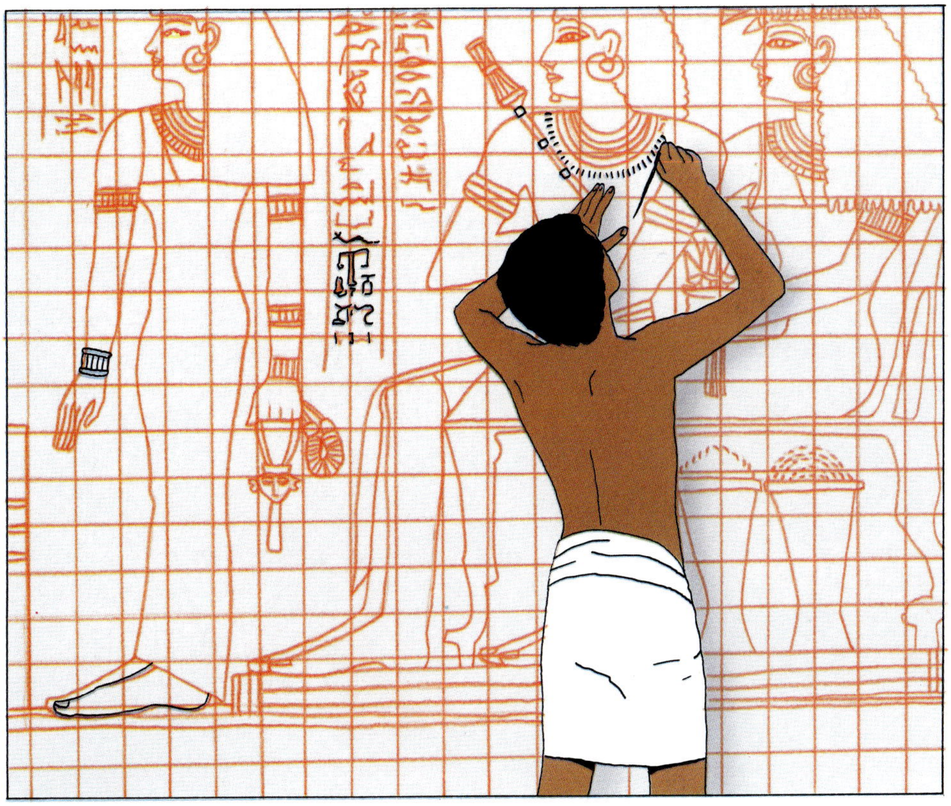

Sous le ciseau du sculpteur

Avec ciseau et marteau de pierre, le sculpteur détache le calcaire tout autour du dessin. Sous ses gestes soigneux, des figures d'étrangers se dessinent peu à peu : Syriens, Nubiens et même un Libyen. Le propriétaire de la tombe souhaite faire représenter une cérémonie à laquelle il a pris part : la remise des tributs.

On ne fait appel aux sculpteurs que lorsque le calcaire de la paroi est de bonne qualité. Sinon, on se contente de peintures.

▽

△

La mise au carreau

Une fois bien lissée, la paroi est partagée en lignes régulières. Chaque petit carré sert de point de repère au dessinateur qui reporte sur le mur le dessin modèle tracé sur papyrus ou éclat de pierre calcaire. Avec un roseau affûté, trempé dans l'encre rouge, il esquisse les traits du dignitaire et de sa femme. Maintenant, le dessinateur en chef examine le travail et effectue quelques corrections, à l'encre noire.

De vives couleurs

Simplement dessinées, ou bien sculptées, toutes les représentations sont peintes, comme cette *Pesée du cœur*. Sur l'un des plateaux de la balance, le cœur ; sur l'autre, la plume de la justice. Anubis, à tête de chien, et Thot, à tête d'ibis, font la pesée. Le défunt, face à Anubis, attend le verdict. Si les plateaux sont en équilibre, le cœur est bon : Osiris accueillera le mort. Sinon, la Grande Dévorante, horrible monstre, le croquera.

▽

UNE MOMIE POUR L'ÉTERNITÉ

Les femmes crient et se lamentent. Les hommes ne se rasent plus. Une famille au désespoir. Le dignitaire est mort.

Sa tombe est prête à l'accueillir et pourtant l'enterrement n'aura pas lieu tout de suite. Il faut d'abord préparer le corps du défunt. Si on ne lui applique pas un certain nombre de traitements, il se décompose et disparaît. Et sans le corps, on ne peut pas revivre dans le royaume d'Osiris, parmi les morts. C'est pour cela que l'on a inventé la momification.

La famille conduit le mort chez les embaumeurs. À Thèbes, ils sont installés sur la rive gauche du fleuve, celle qui est réservée à la cité des morts. Ils accompliront leur travail soit devant la tombe, soit dans des bâtiments exclusivement consacrés à l'embaumement. Dans le premier cas, les spécialistes sont munis d'une tente qu'ils déplacent d'un tombeau à l'autre.

En soixante-dix jours, le cadavre sera devenu une momie.

△

De la chirurgie

Dès qu'ils reçoivent le corps, les embaumeurs le lavent et l'essuient soigneusement. Le visage est rasé. Les membres épilés avec un rasoir et une pince. C'est alors que commence la momification. Comme la famille n'a pas lésiné sur le prix, le dignitaire a droit à une momification complète.

L'embaumeur enfonce d'abord un crochet dans le nez pour atteindre le cerveau et le retirer. Puis, avec un couteau à lame de silex, il ouvre le flanc de son client. Ses mains s'introduisent dans l'abdomen pour ôter les viscères : l'intestin, l'estomac, le foie, la rate, les reins et les poumons. Le cœur reste à sa place. Les viscères sont traités avant d'être déposés dans quatre vases, dits canopes, eux-mêmes rangés dans la caisse canope.

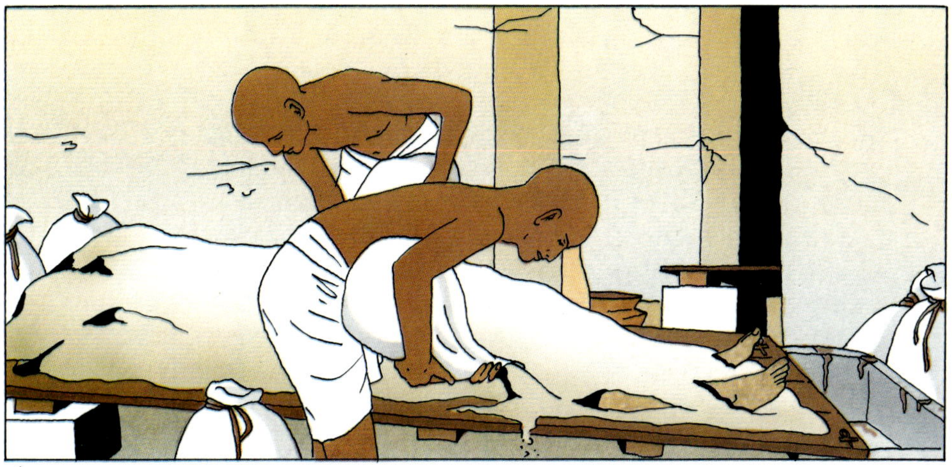

△

Des sacs entiers de natron

Maintenant, on lave l'intérieur de l'abdomen avec du vin de palme, des épices et des aromates. Une fois bien nettoyé, on le remplit de petits sacs de *natron*, un sel parfaitement sec qui se présente sous la forme d'une poudre blanche. On y met aussi un peu de sciure de bois pour absorber le sang et l'eau qui coulent encore dans le ventre.

D'autres spécialistes, les saleurs, s'emparent alors du corps qu'ils allongent sur un lit. Ils déversent sur la tête, les bras, les jambes... de grands sacs de natron, jusqu'à ce que plus un pouce de chair n'apparaisse. Le natron va agir pendant quarante jours. Il dessèche la chair. On a pris soin auparavant de fixer solidement les ongles des pieds et des mains afin qu'ils ne tombent pas.

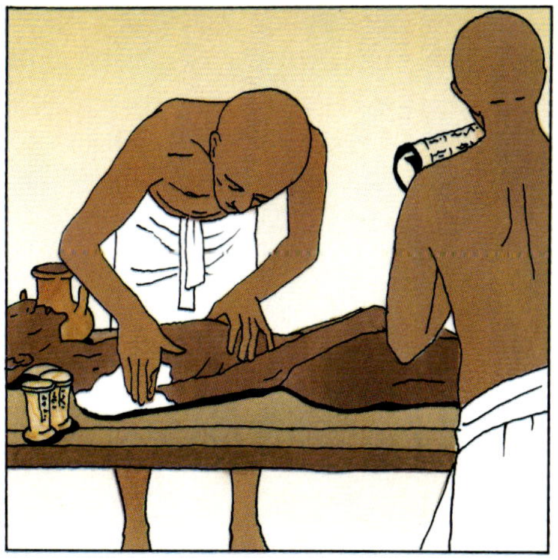

△

Huiles et onguents

Après quarante jours, le corps est sorti du natron. Il a beaucoup rétréci. Maintenant, une peau brunâtre recouvre les os. On la frictionne avec des huiles et des onguents pour lui redonner un peu de souplesse, tandis que le prêtre lit les prières de l'embaumement.

Des kilomètres de bandelettes

L'abdomen a été vidé de ses sacs de natron, puis nettoyé. On l'a bourré de tissus de lin, de sciure de bois, de gommes et de résines odorantes. La plaie faite sur le ventre n'est pas recousue mais simplement masquée par une plaque de métal ou de cire. Le crâne aussi est rempli de résine et d'autres matières.

D'autres spécialistes enveloppent alors la momie d'un grand linceul de lin qu'ils recouvrent ensuite de bandelettes. Ils remettent un autre linceul, puis une autre couche de bandelettes. Jusqu'à sept linceuls. Et toujours, le prêtre récite les prières.

▽

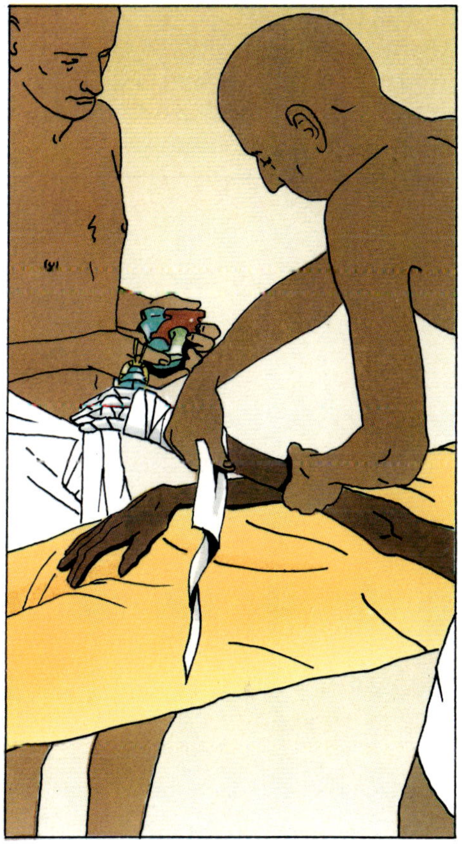

Un masque pour la momie

Le défunt ne craint plus rien, car les poseurs de bandelettes n'ont pas oublié de glisser sur la momie des poignées d'amulettes protectrices. Elles veilleront sur lui et éloigneront ses ennemis.

On pose le masque sur la momie. L'embaumement s'achève. Le corps peut être rendu à sa famille. En même temps, on lui remet la caisse canope, qui contient les vases canopes remplis des viscères. On lui donnera également tout ce qui a servi à la momification : natron, tissus usagés par exemple, qui seront enterrés à l'extérieur de la tombe.

▷

L'ADIEU AUX VIVANTS

La famille et les amis du mort se rejoignent au bord du Nil. Des barques les attendent pour les mener de l'autre côté du fleuve. Durant la traversée, seuls les cris des pleureuses professionnelles troublent le silence.

Le cortège se rend d'abord chez les embaumeurs, pour prendre en charge la momie. Durant les soixante-dix jours de la momification, la famille a réuni les meubles, la vaisselle, les offrandes d'aliments et de boissons... nécessaires à l'enterrement. Elle n'a surtout pas oublié le rouleau de papyrus du *Livre des Morts* qu'elle va glisser dans le sarcophage.

Le *Livre des Morts* est l'indispensable guide de l'au-delà. Il donne les formules pour amadouer les gardiens des portes du royaume d'Osiris. Pour triompher des serpents et des crocodiles. Pour se nourrir aussi, car le livre complète les images d'aliments qui figurent dans la tombe. L'Égyptien pense que ces images se mettent à exister pour le mort. Si on figure des pains, il aura des pains à manger pour toujours. De même pour la viande, les légumes ou le vin... Si ces images se détériorent un jour, le *Livre des Morts* dira au défunt comment se procurer de la nourriture.

Vers le tombeau

Bien qu'il soit encore tôt, il fait déjà très chaud sur le Gébel. Les traîneaux qui supportent la momie et la caisse canope, chacune dans sa chapelle, glissent lentement sur les cailloux qui crissent. Sur un troisième traîneau, se trouve le *tékénou* qu'on utilise pour des manipulations magiques. Les pleureuses, vêtues de robes bleues, poussent des cris stridents et se jettent de la poussière dans les cheveux.

Pendant ce temps, les gens continuent d'arriver. Voici encore des membres de la famille, des amis, des porteurs d'offrandes...

▽

Le chemin de l'éternité

La momie a été placée dans son sarcophage, ou plutôt, dans trois sarcophages qui s'emboîtent les uns dans les autres. On l'a transportée à l'intérieur de la tombe pour la déposer dans la chambre funéraire. On y accède par un puits. Des hommes manœuvrent le sarcophage avec des cordages. Ils font attention de ne pas le heurter contre les parois, afin de ne pas l'abîmer. Ensuite, c'est le matériel du mort qui prendra le chemin du puits et qui reposera dans la chambre funéraire. Pour l'éternité.

La mort à bas prix

L'Égyptien pauvre est enterré dans un trou, creusé à même le sable, après avoir été roulé dans une natte. Quelques poteries, des fruits et des légumes, du pain et quelques petits objets familiers, voilà tout ce qu'il emporte pour l'au-delà. Mais Osiris veille aussi bien sur les pauvres que sur les riches, pourvu qu'ils soient justes et bons.

L'heure de l'adieu

Dans quelques instants, la momie va pénétrer dans son tombeau. La pauvre épouse est effondrée à ses pieds. Les prêtres accomplissent le rite de l'Ouverture de la Bouche et du Nez. Avec une herminette en bois, le prêtre, vêtu d'une peau de léopard, touche le nez et la bouche de la momie. L'un des fils du défunt lit les prières qui accompagnent chacun des gestes. Maintenant, le mort peut à nouveau respirer.

Cultivateurs de l'au-delà

Rien n'a été négligé pour le confort du défunt. Les *oushebtis,* ou statuettes de serviteurs, font partie des objets les plus utiles. On les a rangés dans la boîte placée au pied du sarcophage. L'un d'eux se dresse à côté. Dans l'au-delà, ces serviteurs accompliront les travaux agricoles à la place du mort. Ils disposent d'une houe pour labourer et d'un panier plein de semences.

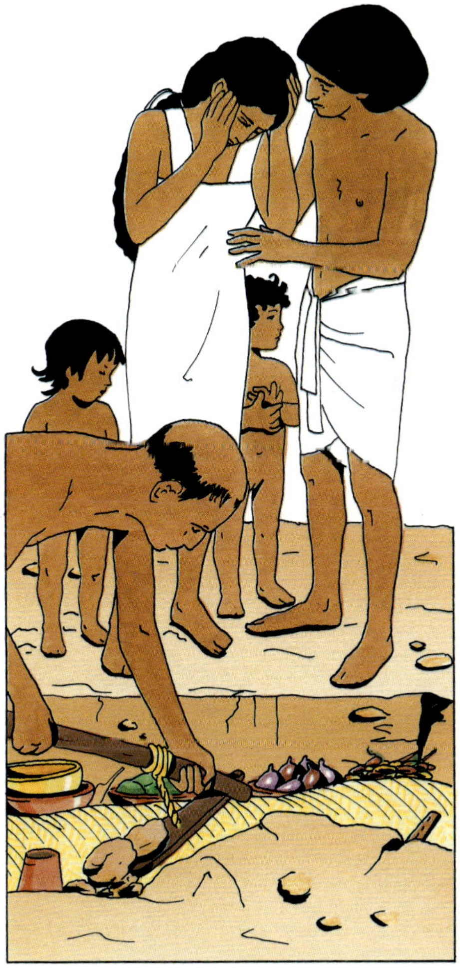

L'AGENDA DU NOUVEL EMPIRE ÉGYPTIEN

UNE CIVILISATION À SON APOGÉE

EN CE TEMPS-LÀ, EN ÉGYPTE

AN 3000 AVANT JÉSUS-CHRIST

2950-2640 1re et 2e dynasties de pharaons.

AN 2500 AVANT JÉSUS-CHRIST

2640-2155 3e à 6e dynasties.
Le pouvoir est installé à Memphis.

2134-2040 7e à 10e dynasties. Première période intermédiaire.

2040-1785 Moyen Empire : 11e et 12e dynasties.
Le pouvoir se fixe à Thèbes, puis dans l'oasis du Fayoum.

1785-1552 13e à 17e dynasties. Deuxième période intermédiaire.

1552-1527 Règne du pharaon Ahmose. Il chasse les Hyksôs, un peuple qui occupait l'Égypte. C'est le début de la 18e dynastie et du Nouvel Empire. Thèbes est la capitale.

1527-1506 Règne d'Aménophis Ier. Il encourage les savants, médecins et astronomes. Les prêtres d'Amon ont une grande influence.

AN 1500 AVANT JÉSUS-CHRIST

1506-1494 Règne de Thoutmosis Ier.
La puissance de l'Égypte s'étend de la Nubie (4e cataracte du Nil) à l'Asie Mineure (Euphrate).

1490-1468 Règne d'une femme-pharaon : Hatshepsout.
L'Égypte relâche sa vigilance en Syrie-Palestine.

1490-1436 Règne de Thoutmosis III, pharaon qui rétablit l'ordre en Syrie-Palestine.

1402-1364 Règne d'Aménophis III. À nouveau, l'Égypte néglige ses intérêts en Syrie-Palestine.

1364-1347 Règne d'Aménophis IV-Akhénaton. Son épouse, la reine Néfertiti, est intimement associée aux plus grandes décisions. Le pharaon décide de remplacer le dieu Amon par Aton. Les puissants prêtres d'Amon ne peuvent s'y opposer. Le pharaon quitte Thèbes et fonde une nouvelle capitale. Amarna. Son successeur, Toutankhamon, meurt jeune. C'est bientôt la fin de la 18e dynastie.

1333-1306 Après une période d'instabilité, le général Horemheb prend le pouvoir. Il relance les expéditions vers la Syrie-Palestine. Pour mieux contrôler ces territoires, il fixe sa capitale à Memphis.

1306-1304 Le général Ramsès est choisi comme héritier par Horemheb. Il fonde la 19e dynastie.

1290-1224 Le pharaon Ramsès II repousse plusieurs assauts menés par les Hittites, peuple installé en Asie Mineure. Il évite un désastre à la bataille de Qadesh. Quelques années plus tard, Égyptiens et Hittites signent un traité de paix.

1184-1153 Règne de Ramsès III. Il protège son pays contre les peuples venus du Proche-Orient et contre les « Peuples de la mer ». Mais de nombreuses difficultés se font jour.
Le pharaon est assassiné.

1153-1070 Sous les derniers rois de la 20e dynastie, tout va très mal. Les tombes royales sont pillées. La famine réapparaît. Les Égyptiens se battent entre eux. C'est la fin du Nouvel Empire.

1070-712 21e à 24e dynasties. Troisième période intermédiaire.

AN 500 AVANT JÉSUS-CHRIST

712-332 25e à 30e dynasties. Basse Époque. Conquête de l'Égypte par les Éthiopiens puis par les Perses.

332-30 Conquête de l'Égypte par Alexandre le Grand. Domination grecque : dynastie ptolémaïque.

30 L'Égypte est devenue province romaine.

SCIENCES ET ARTS	DANS LE MONDE...
	• Le peuple sémite pénètre en Mésopotamie. Fondation de la ville de Tyr sur les bords de la Méditerranée. • Les relations commerciales se développent entre la Syrie et l'Égypte. En Inde, civilisation de Mohenjo-Daro. En Europe occidentale, âge du cuivre. On y dresse des dolmens.
• L'architecte Imhotep édifie la première pyramide pour le pharaon Djéser. Les pharaons Chéops, Chéphren et Mykérinos font bâtir les grandes pyramides de Guizeh, ainsi que le Sphinx. • Dans le Fayoum, les architectes édifient des pyramides de briques crues et de pierres. Premiers temples de Karnak. C'est l'âge d'or de la littérature égyptienne. Romans et contes : *Sinouhé, Le Naufragé, La Satire des Métiers.* Un livre scolaire : *Kémit.* • Les médecins rédigent un traité qui résume toutes les connaissances médicales *(papyrus Ebers).* Un astronome invente l'horloge à eau. Les prêtres composent des guides pour l'au-delà, grâce auxquels on apprend tout ce qu'il faut faire ou ne pas faire dans le monde des morts.	• La Crète règne sur la mer Égée. Voyage d'Abraham. Premiers emplois du fer en Asie Mineure. En Chine, dynastie des Xia, rois légendaires. • Hammourabi, roi de Babylone. Fondation du royaume de Mitanni, au Proche-Orient. En Chine, dynastie des Shang. • Les Hébreux s'installent en Palestine. En Grèce, premier palais de Mycènes.
• Premier tombeau de pharaon dans la Vallée des Rois. Les ouvriers qui le creusent fondent le village de Deir el-Medineh. Il abritera les ouvriers des tombes royales jusqu'à la fin du Nouvel Empire. • La reine envoie une expédition commerciale au pays de Pount (sur la côte des Somalis, en Afrique). Elle fait bâtir un superbe temple funéraire à Thèbes sur la rive gauche du Nil : Deir el Bahari. Le temple funéraire est consacré au culte du pharaon. • Les architectes agrandissent le temple de Karnak. • Aménophis III érige un splendide palais et un immense temple funéraire sur la rive gauche de Thèbes. Sur l'autre rive, il fait édifier le temple de Louqsor, dédié à Amon. • Plusieurs temples en l'honneur du dieu Aton. La ville nouvelle d'Amarna est construite en un an. Elle renferme des palais pour le roi, la reine, et ses six filles. Les courtisans se font bâtir de spacieuses villas. Un quartier est réservé aux ouvriers. • À Karnak, le temple d'Aton est entièrement démonté. Les matériaux sont réutilisés pour des édifices en l'honneur d'Amon. • Période la plus riche en constructions de toutes sortes. Le temple d'Abou Simbel est une réalisation colossale. • Sur la rive gauche de Thèbes, Ramsès III fait édifier un grand temple funéraire : Médinet Habou. Les ouvriers des tombes royales sont mécontents de leurs conditions de vie. Ils cessent le travail : c'est la première grève de l'Histoire.	• Les Assyriens étendent leur influence à toute la Mésopotamie. Les Hittites contrôlent les pays situés autour du golfe Persique, jusqu'au nord de la Syrie. • Le roi Souppilouliouma étend la domination hittite. • Le premier alphabet apparaît en Phénicie. • Époque probable de la guerre de Troie. Les Peuples de la mer anéantissent l'Empire hittite. • v. 1000 : David, roi d'Israël. Jérusalem est sa capitale. En Chine, dynastie des Zhou.
• Construction de la ville d'Alexandrie.	• En Chine, construction de la Grande Muraille. 323 : mort d'Alexandre le Grand. 101-44 : vie de Jules César.

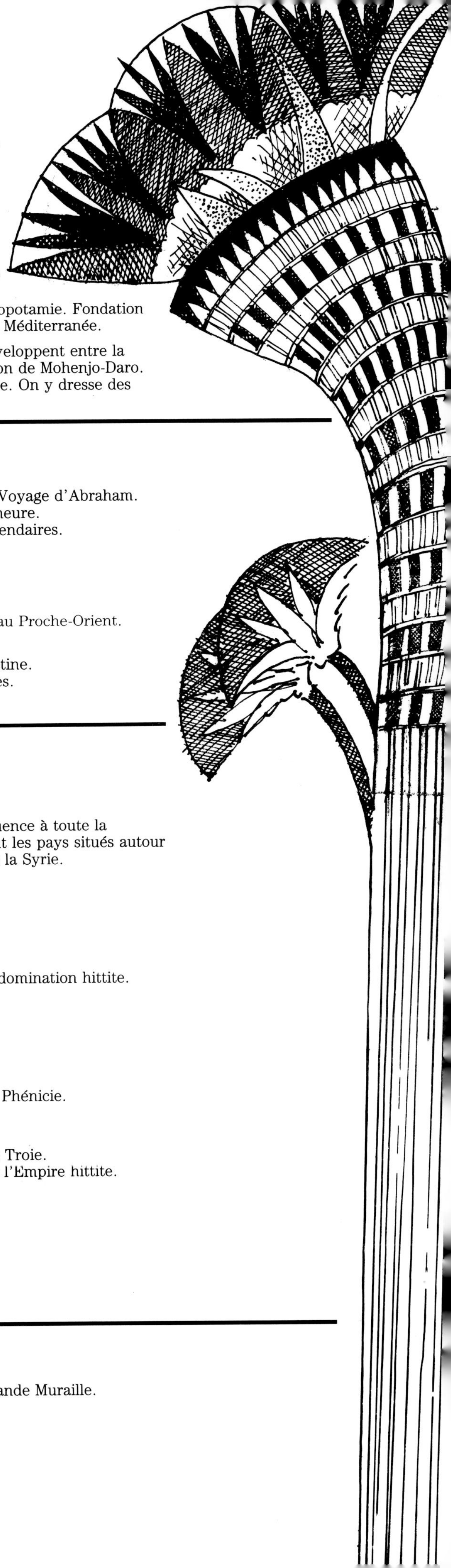

Le pharaon Thoutmosis III.

DES PERSONNAGES À CONNAÎTRE

Le roi

On l'appelle Pharaon.

Il a tous les pouvoirs et décide de tout ce qui est important pour l'Égypte. Mais son rôle n'est pas facile car, pour bien gouverner, il doit être capable d'assumer toutes sortes de charges : contrôler l'administration avec ses fonctionnaires et ses scribes ; rendre le culte aux dieux et leur construire des temples ; conduire un char, manier un arc et emmener ses soldats à la guerre ; envoyer des expéditions commerciales pour acquérir à l'étranger les marchandises qu'on ne trouve pas en Égypte. Ce ne sont là que quelques exemples parmi les multiples activités du roi. Heureusement, une équipe d'hommes fidèles l'entoure et l'aide à accomplir une grande partie de ses tâches.

Le souverain réside dans un très vaste palais avec ses femmes et ses enfants. Contrairement à tous les autres Égyptiens, le pharaon peut avoir plusieurs épouses. Et en plus de celles-ci, il entretient des concubines, c'est-à-dire des femmes avec qui il n'est pas marié. Pour lui succéder sur le trône, il choisira l'un de ses fils.

Le Nouvel Empire : pharaons et dynasties

Depuis Manéthon, historien du 3e siècle avant J.-C., on a l'habitude de diviser l'histoire de l'Égypte ancienne en 30 dynasties qui se sont succédé du 3e au 1er millénaire avant notre ère. Voici celles du Nouvel Empire. Les dates qui sont données ne sont pas toujours certaines.

La 18e dynastie

Ahmose	1552-1527
Aménophis Ier	1527-1506
Thoutmosis Ier	1506-1494
Thoutmosis II	1493-1490
Hatshepsout	1490-1468
Thoutmosis III	1490-1436
Aménophis II	1438-1412
Thoutmosis IV	1412-1402
Aménophis III	1402-1364
Aménophis IV/Akhénaton	1364-1347
Toutankhamon	1347-1338
Aye	1337-1333
Horemheb	1333-1306

La 19e dynastie

Ramsès Ier	1306-1304
Séthi Ier	1304-1290
Ramsès II	1290-1224
Merneptah	1224-1204

La 20e dynastie

Ramsès III	1184-1153
de Ramsès IV à Ramsès XI	1153-1070

QUELQUES GRANDS ROIS... ET REINES

Hatshepsout

Fille de Thoutmosis Ier, elle a épousé son demi-frère, Thoutmosis II. À la mort de celui-ci, l'héritier du trône est un jeune prince, Thoutmosis III. Hatshepsout assure la régence. Avec l'appui de hauts dignitaires, elle réussit au bout de quelques années à se proclamer pharaon. On la représente, sur les statues et les reliefs, avec tous les attributs masculins : pagne, sceptre de commandement, barbe, couronne... Avec l'étranger, elle mène une politique commerciale très active. Mais elle laisse les ennemis de l'Égypte grignoter du terrain en Syrie, en ne faisant pas intervenir son armée.

Thoutmosis III

Bien qu'il soit officiellement le roi, il est dominé pendant les premières années de son règne par sa tante, la reine Hatshepsout. À la mort de celle-ci, il lance conquêtes et grands travaux. Lors de la bataille de Megiddo, il disloque une coalition de princes syriens et, pendant près de vingt ans, chaque année, il mène une campagne en Syrie-Palestine. Au sud de la vallée du Nil, il raffermit l'autorité égyptienne.

Les tributs payés par les populations soumises affluent et Thoutmosis en fait inscrire le décompte sur les murs du sanctuaire d'Amon, à Karnak. De multiples inscriptions relatent les hauts faits et les actes de piété de ce pharaon. De nombreux monuments subsistent de son règne.

Son fils, Aménophis II, poursuit son œuvre...

Akhénaton

Il débute son règne sous le nom d'Aménophis IV, mais il réserve peu à peu un culte unique au dieu Aton, dieu qui est représenté sous la forme du disque solaire. Le pharaon prend alors le nom de « Celui qui est agréable à Aton ». Aton est seul dieu, un dieu juste et bon qui regarde avec égalité tous les peuples de la Terre. Le pharaon fait bâtir une ville nouvelle, Amarna, en l'honneur du dieu, et de nombreux bâtiments. Mais, pendant ce temps, des troubles éclatent en Asie. Les Hittites menacent une partie de la Syrie. Les alliés de l'Égypte envoient des appels au secours qui restent sans réponse.

Néfertiti

Épouse du roi Akhénaton, son nom signifie « la belle est venue ». On sait

Akhénaton et son épouse Néfertiti.

très peu de chose sur cette femme, mais sa beauté est légendaire. Elle participe aux principaux moments de la vie religieuse et politique de son époux.

Toutankhamon

C'est un petit garçon de 9 ans qui hérite du trône à la mort d'Akhénaton. Ce n'est pas un de ses enfants, car Akhénaton et Néfertiti n'ont eu que des filles, mais on lui en a fait épouser une. Un haut dignitaire, Aye, assure la régence. Il revient aux anciens cultes et délaisse Aton. Deux ans après la mort d'Akhénaton, Amarna est abandonnée. Le pharaon meurt très jeune, à 18 ans. Aye organise son enterrement. La momie est déposée dans une petite tombe improvisée. Elle suffit à peine à contenir le trésor qui suit le roi dans l'autre monde. La tombe échappera, par miracle, aux pilleurs.

En 1922, des archéologues anglais, Howard Carter et lord Carnarvon, la retrouvent intacte. Avec les sarcophages, les statues, les bijoux en matières précieuses et avec tous les objets qui constituent une mine extraordinaire de renseignements sur la vie des Égyptiens au Nouvel Empire.

Ramsès II

Un des plus puissants pharaons. C'est avant tout un chef de guerre et un grand bâtisseur de monuments. Mais il aime aussi jouir de la vie. Il a six ou sept épouses officielles et quantité de concubines. On lui attribue au moins... cinquante enfants.

Le puissant Ramsès II.

Il fait construire des bâtiments dans toute l'Égypte : à Thèbes ; à Abydos, la ville sainte du dieu des morts Osiris ; à Pi-Ramsès, qui devient sa capitale dans le Delta. Dans les montagnes de Nubie, il fait creuser des temples : le plus fameux est celui d'Abou Simbel.

Il mène la guerre contre les Hittites qu'il affronte à Qadesh. Après des années de lutte inutile, il signe un traité de paix avec ses adversaires. Deux princesses hittites lui sont offertes en mariage.

LES FAMILIERS DU ROI ONT LA PAROLE

Le vizir

Je suis Rekhmirê et j'ai été nommé par le roi Thoutmosis III. Je serai l'un des vizirs — ou « Premiers ministres » — les plus connus de toute l'histoire de l'Égypte.

Ma principale besogne est d'aider le souverain à diriger l'administration. Je nomme les fonctionnaires et les envoie à travers toute l'Égypte. Ils font respecter les lois. Ils surveillent aussi les travaux des paysans et me rapportent tout ce qui concerne les crues du Nil et les récoltes. Au moment des moissons, j'ouvre l'œil. Je m'assure que les impôts, versés en blé et en orge, rentrent bien dans les greniers de l'État et que personne n'oublie de les payer.

Ce n'est pas tout. Je suis aussi ministre de la Justice. Les gens font appel à moi lorsqu'ils ne sont pas d'accord avec ce que les juges ont décidé. J'écoute avec autant de patience les plaintes des riches que celles des pauvres.

La réception des tributs étrangers est une de mes tâches préférées. Que de merveilles circulent dans les rues de Thèbes, ce jour-là ! Des girafes, des éléphants, des autruches, des singes, des ours ! Tous sont destinés au zoo du pharaon. Et quel beau défilé ! Des Asiatiques vêtus de costumes de toutes les couleurs. Des Africains coiffés de superbes parures de plumes.

Le directeur du Trésor

Je me présente : Maya, directeur du Trésor ou ministre des Finances des rois Toutankhamon et Horemheb. Je suis sous les ordres du vizir. Tous les jours, je l'informe de la situation des finances.

Je tiens les comptes des impôts sur tous les produits du pays, sauf sur les céréales. Des quatre coins de l'Égypte, on me livre du miel, de l'huile, du vin, des caroubes, des sandales, des paniers, des nattes de papyrus, des boucliers, des arcs, des métaux, du bois... Le montant des tributs de Nubie et de Syrie-Palestine figure aussi sur mes *papyri*.

Quand j'ai fini de tout noter, je commence la répartition. Les artisans qui travaillent pour le pharaon reçoivent leur salaire en nature, c'est-à-dire en huile, en vin... Mes bureaux leur fournissent les outils, les pierres, le bois et les métaux dont ils ont besoin pour réaliser les statues, meubles, bijoux, vases... Une fois ces objets terminés, je les répartis entre les temples, la tombe du roi et les tombeaux des dignitaires. C'est moi qui ai commandé et surveillé l'exécution des merveilles destinées au tombeau de Toutankhamon. Entre autres.

Dans la Vallée des Nobles, la tombe de Menna, scribe du cadastre sous Thoutmosis IV, présente sur l'un de ses murs le ramassage et le comptage du grain.

Le surintendant des domaines royaux

Je suis Kenamon, l'administrateur des propriétés privées d'Aménophis II. Je gère tous les champs, les vaches, les moutons, les chèvres... qu'il possède en Égypte. Je fais travailler les paysans qui cultivent la terre et nourrissent son bétail.

Le chef des greniers

Mon nom est Khaemhat. Je suis le haut responsable des céréales. Elles forment l'essentiel de notre nourriture : c'est vous dire si mon poste est important.

Je dresse la liste des contribuables — tous ceux qui paient l'impôt. Ensuite, je calcule les quantités de blé et d'orge que chacun doit verser sur sa récolte. Le vizir contrôle mes calculs et la livraison des grains.

Les céréales sont stockées dans de nombreux greniers, installés dans tout le pays. Pour rétribuer les fonctionnaires, les soldats, les serviteurs, on puise dans ces réserves.

Inscription au nom du roi Séthi Ier, écrite en hiéroglyphes.

Le maire d'une grande cité
Je m'appelle Pahéri. Je suis le maire d'El Kab, ville de la Haute-Égypte. Je m'occupe des champs et des animaux de l'État qui se trouvent près de ma ville. J'assure le transport des céréales vers les greniers de l'État. Le port de la cité est sous ma responsabilité. Je le maintiens en bon état. Quand des marchands étrangers accostent, je les questionne. Je ne veux pas de désordre dans mon district.

Le général en chef de l'armée
Normalement, c'est le prince héritier qui aide le roi à commander l'armée et qui porte le titre de général en chef. Moi, Horemheb, qui ne suis pas de la famille royale, j'ai eu la chance d'obtenir ce poste sous Aménophis IV/Akhénaton. Des milliers de soldats ont obéi à mes ordres. Je suis devenu tellement puissant que j'ai fini par prendre place sur le trône à la mort du roi et de ses héritiers.

Le grand prêtre d'Amon à Karnak
Le grand Ramsès II lui-même m'a choisi comme premier prêtre d'Égypte. Je suis Bakenkhonsou. On m'a confié le temple le plus riche du pays. En effet, Karnak possède un nombre incalculable de champs et des dizaines de milliers d'animaux. Des milliers d'hommes et de femmes sont à son service. Son trésor regorge d'or, d'argent et de pierres semi-précieuses.

Je suis responsable du culte rendu à Amon et j'ai autorité sur tous les prêtres du temple. Comme mes compagnons qui viennent de se présenter, je suis l'un des proches du roi. Il me fait ses confidences et me demande mon avis sur les problèmes du moment.

LE PEUPLE D'ÉGYPTE

Les Égyptiens ont beaucoup écrit. Des romans et des contes où le héros vit toutes sortes d'aventures et rencontre des magiciens et des magiciennes. Des poèmes qui décrivent l'amour de jeunes hommes pour de charmantes jeunes filles. Des récits consacrés à la vie exemplaire des dignitaires. Des hymnes et des prières à la louange des dieux.

Un livre scolaire, très en vogue au Nouvel Empire, réunit des œuvres que les professeurs ont fait étudier à leurs élèves. Le jeune garçon y apprend que le métier de scribe est le plus beau de tous. Pour lui ôter toute envie de choisir une autre profession, l'auteur n'hésite pas à dire tout le mal possible des autres métiers. Ainsi, il parle de la condition des artisans, des paysans, des marins, des marchands. Et des soldats.

« Laisse-moi te raconter les malheurs du soldat et te dire combien il a de supérieurs : le général, le capitaine des troupes, l'officier qui commande, le porte-enseigne, le lieutenant, le scribe, le capitaine des cinquante et le capitaine de la garnison. Ils vont et viennent dans les cours du palais et disent : ''Amenez des paysans !''

« Il est réveillé à n'importe quelle heure. On est après lui comme après un âne. Il travaille dur jusqu'à ce que le soleil se couche. Il a faim. Son ventre lui fait mal. Il est mort alors qu'il est encore en vie. Quand il reçoit sa ration de céréales, après avoir été libéré de ses tâches, il s'aperçoit que les grains ne sont pas bons à moudre.

« Il est mobilisé pour la Syrie-Palestine. Il ne peut pas se reposer. Pas de vêtements, pas de sandales. Les armes de guerre sont rassemblées à la forteresse de Silé. Il doit grimper à travers les montagnes. Il boit de l'eau tous les trois jours. Elle sent mauvais et a le goût du sel. Son corps est ravagé par les maladies.

« L'ennemi arrive et l'attaque avec des projectiles. La vie se retire alors de lui. On lui dit : ''Vite, en avant, vaillant soldat ! Taille-toi une bonne réputation !'' Il ne comprend pas ce dont il s'agit. Son corps est faible, ses jambes le trahissent.

« Son épouse et ses enfants sont dans leur village. Il meurt et ne l'atteint pas. S'il s'en sort vivant, il est exténué à force de marcher. Qu'il soit libre ou détenu, le soldat souffre. S'il s'enfuit et rejoint les déserteurs, toute sa famille est emprisonnée. S'il meurt à la lisière du désert, personne ne perpétuera son nom. Il est aussi malheureux dans la mort que dans la vie. Il ne connaît pas le repos. »

LE MONDE DES DIEUX

Parmi les multiples représentations, statues, statuettes, reliefs, dessins, gravures, à quoi reconnaît-on un dieu ? À son visage ou à sa coiffure. Et comment reconnaître le roi d'un dieu qui porte la même couronne ? En observant la barbe. Un roi arbore une barbe droite. Celle d'un dieu est recourbée. Sauf pour Ptah : il porte une barbe droite mais, comme il n'est pas coiffé d'une couronne royale, c'est assurément un dieu.

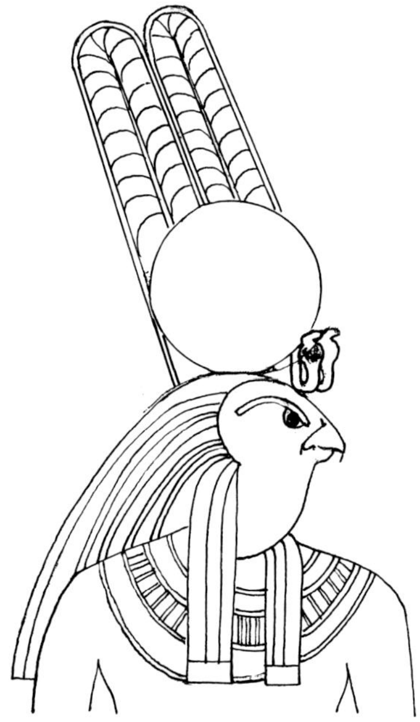

Montou, à la tête de faucon, est une divinité guerrière qui protège le roi et l'aide à gagner les batailles contre ses ennemis.

Amon ou **Amon-Rê** est originaire de Thèbes, une des capitales du Nouvel Empire. Il est uni au dieu Rê pour devenir le plus puissant de tous les dieux égyptiens. Son temple à Karnak est le plus riche du pays. Sa femme est la déesse Mout. Son fils, le dieu Khonsou.

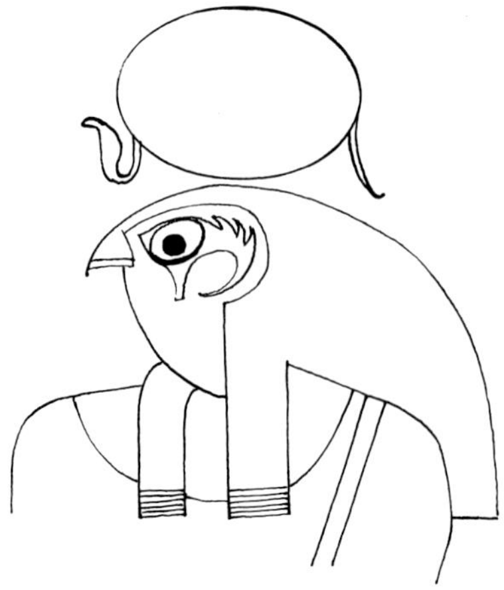

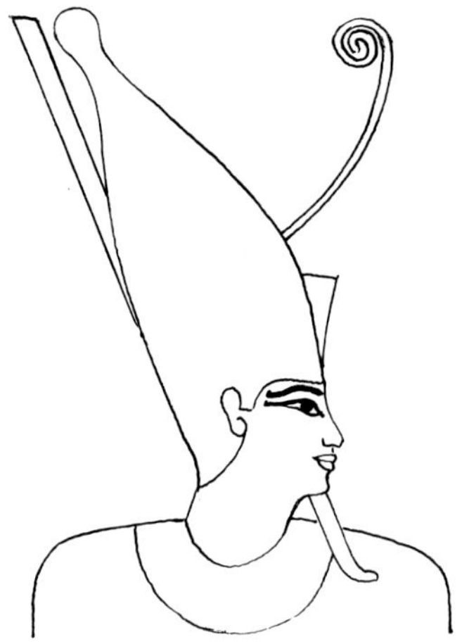

Rê-Horakhti, Atoum : le dieu Rê, le Soleil, est l'un des dieux les plus anciens. Il prend différentes formes pour apparaître et il porte différents noms. Le matin, il se présente sous la forme d'un scarabée. À midi, il est Rê. Le soir, Atoum. Sous le nom de Rê-Horakhti, il s'unit au grand dieu faucon Horus.

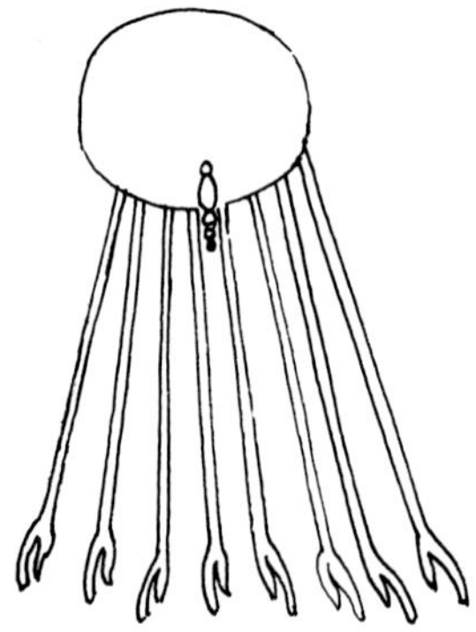

Aton est le disque solaire. Sous le règne d'Aménophis IV/Akhénaton, il remplace Amon comme principale divinité de l'Égypte.

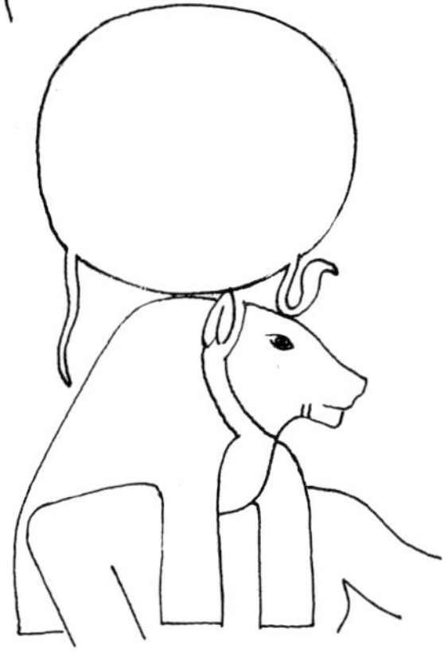

Ptah est l'un des dieux qui ont créé le monde. Il est le patron des artisans. Son temple se trouve dans la très importante ville de Memphis. Il a pour épouse Sekhmet, au redoutable visage de lionne.

Maat est la déesse de la vérité et de la justice. Elle représente l'ordre qui règne dans le monde et qui a été instauré par les dieux.

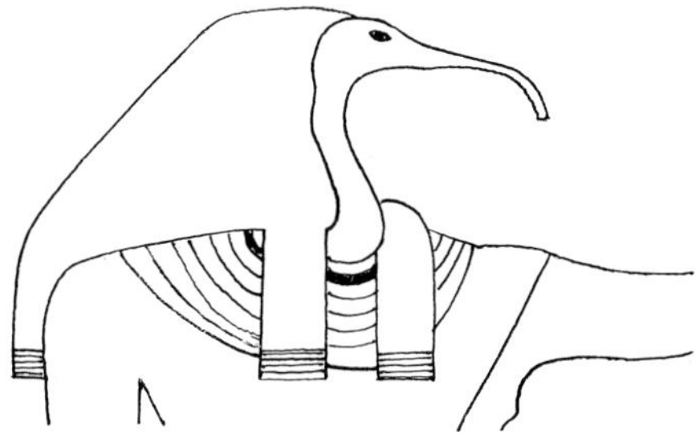

Thot a le plus souvent une tête d'ibis. Parfois, il prend la forme d'un babouin. Il est très occupé : dieu de l'écriture et de la sagesse, il est le patron des scribes. C'est aussi un magicien et le messager des dieux.

Khnoum, à tête de bélier, est originaire d'Éléphantine, une cité élevée au niveau de la première cataracte du Nil. Il est responsable de la crue du fleuve. On lui adresse des prières pour que celle-ci soit favorable.

Hathor a une tête de femme avec des cornes de vache. Elle apparaît aussi sous l'aspect d'une vache. Elle protège toutes les tombes de Thèbes. Elle est également déesse de l'amour et de la danse.

Osiris et les siens. Osiris a été roi d'Égypte avant d'être dieu des morts. Il a été assassiné par son frère Seth qui voulait le trône. Ses sœurs Isis et Nephtys ont utilisé en vain tous leurs tours de magie. Il est resté dans le monde des morts dont il est devenu le dieu. Son fils Horus s'est battu contre Seth et a pris sa place sur le trône d'Égypte.

Anubis, à tête de chacal, préside aux momifications. Il a aidé Isis et Nephtys à faire d'Osiris la première momie : il est devenu le dieu des embaumeurs.

Le grand temple d'Amon, à Karnak. La grande cour, où se dresse la statue colossale du roi Pinedjem, ouvre sur la salle hypostyle, avec ses 134 gigantesques colonnes.

DES LIEUX À DÉCOUVRIR

Amarna

À l'écart des autres grandes cités, cette ville a été bâtie vers 1358 avant J.-C., en l'honneur du dieu Aton. Au temps d'Aménophis IV, elle se nommait *Akhet-Aton*, « Horizon d'Aton ». Abandonnées deux ans après la mort du roi, les demeures se sont effritées. Leurs débris ont peu à peu recouvert les objets de la vie courante abandonnés lors du déménagement. Les archéologues y ont retrouvé de multiples vestiges, témoins de la vie de tous les jours. Les statues et les représentations de la période « amarnienne » offrent un style tout à fait particulier, très différent de l'art égyptien classique.

Memphis

Ce sont les premiers rois de l'Égypte qui ont bâti la ville de Memphis, à la limite entre la Haute- et la Basse-Égypte, entre la vallée du Nil et le vaste Delta. Sous l'Ancien Empire, elle est la capitale du pays. Puis elle perd ce rôle aux époques suivantes, au profit d'autres cités. Au Nouvel Empire, elle devient la deuxième ville d'Égypte. Capitale administrative de la Basse-Égypte, elle sert de résidence au vizir du Nord. L'armée y établit son quartier général. Les arsenaux s'y installent. Beaucoup d'étrangers, venus y faire du commerce, circulent dans le port et la ville. Des Syriens, des Hittites y fondent des colonies. Sa Cité des Morts, nommée Sakkara, est déjà vieille de 1 500 ans. Elle s'enrichit de nouvelles tombes. Son dieu, Ptah, est l'une des principales divinités de l'Égypte. Il possède un temple qui remonte aux premiers rois du pays et qui n'a cessé de s'agrandir d'une dynastie à l'autre.

Le temple de Louqsor

Il a été bâti par le roi Aménophis III pour le dieu Amon. Chaque année, pour la fête d'Opet, la statue d'Amon quitte Karnak, à 3 km de là, et se rend en procession à Louqsor où elle séjourne quelque temps. Colonnade et portique composés de colonnes en forme de papyrus, et salles décorées de reliefs très fins sont l'œuvre d'Aménophis III. Ramsès II a ajouté au temple une cour et un pylône qu'il a fait précéder de deux grands obélisques. C'est l'un d'eux qui se dresse, maintenant, sur la place de la Concorde, à Paris.

La Vallée des Rois et la Vallée des Reines

La rive gauche du Nil à Thèbes est réservée aux sépultures et aux temples funéraires. Face au fleuve, au pied de la montagne thébaine, s'élèvent des nécropoles privées. Il faut pénétrer au fond de deux ouadi — vallées dont la rivière cesse de couler en période sèche — pour découvrir les tombes des personnes royales. Les trésors d'art retrouvés dans la tombe du roi Toutankhamon font imaginer le fantastique amoncellement de merveilles dans lequel les pilleurs ont puisé pendant des siècles.

Thèbes

Capitale politique et religieuse, située en Haute-Égypte. Le site est partagé en deux par le Nil. Sur la rive droite, s'élèvent les temples d'Amon et les maisons des habitants de Thèbes. La cité des morts s'étend sur la rive gauche.

Le temple d'Amon à Karnak

Il a fallu 2 000 ans pour construire tous les monuments qui forment le temple de Karnak. Mais c'est surtout aux rois du Nouvel Empire que Karnak doit son aspect actuel. Durant 500 ans, ces pharaons n'ont cessé de l'agrandir et de l'embellir. Ils ont bâti des pylônes et de nombreuses salles dont la fameuse *salle hypostyle* qui contient 134 gigantesques colonnes. Ils ont fait dresser d'immenses obélisques et une multitude de statues. Les artisans les plus adroits ont réalisé les magnifiques reliefs que l'on peut encore admirer aujourd'hui.

Les tombes des dignitaires

Elles sont creusées dans la montagne et s'organisent toutes suivant le même plan. Au premier niveau se trouve la chapelle composée de deux salles. C'est là que les vivants viennent apporter à boire et à manger au mort. Tout au fond de la chapelle s'élèvent les statues du défunt et de son épouse auxquelles on rend le culte.

Un puits permet d'accéder au second niveau, celui de la chambre funéraire. On y place le sarcophage et la momie, ainsi que tous les objets qui accompagnent le défunt dans l'au-delà. Après l'enterrement, le passage entre le puits et la chambre funéraire est bouché par une dalle de pierre ou un mur de briques. Le puits est également condamné. Personne ne peut plus désormais accéder à cette partie de la tombe.

Pectoral au scarabée provenant de la tombe de Toutankhamon.

Les artistes à l'œuvre

Les sculpteurs produisent des milliers de statues. Rien ne les décourage. Ni les pierres dures à débiter, comme le granit ou le basalte. Ni les dimensions gigantesques des colosses représentant le roi. Ni la taille très réduite des statuettes où apparaissent d'infimes détails : boucles des perruques, perles des colliers, plis des vêtements.

Ils ne cherchent pas à copier fidèlement le visage des personnages. D'ailleurs, personne ne le leur demande. Chacun veut avoir sur sa statue une tête jeune et belle, même si la réalité est toute différente. Pour les objets de toilette, les sculpteurs montrent une grande imagination. Ils inventent des cuillers à fard en forme de canard tirant une nageuse ; ils façonnent des étuis à *khôl* en forme de palmier.

Les orfèvres sont des artistes très habiles. Pour réaliser les bijoux et la vaisselle de luxe qu'on leur commande, ils utilisent surtout de l'or. Les autres métaux précieux, l'argent et l'électrum, sont plus rares. Avec des outils très simples, comme des marteaux en pierre, ils donnent au métal la forme d'un bracelet, d'une bague ou d'une coupe. Pour décorer les bijoux, ils incrustent dans le métal de la turquoise, du lapis-lazuli ou de la cornaline. Ou encore de petits morceaux de faïence ou de verre coloré. Le trésor du roi Toutankhamon révèle toute la beauté et la finesse de ce travail.

À LA DÉCOUVERTE DE L'ÉGYPTE DU NOUVEL EMPIRE

Si vous êtes intéressé par certains thèmes, retrouvez-les facilement dans ce livre

Florence Maruéjol
La Vallée des Rois, les tombes des pharaons, la vie des simples paysans n'ont plus aucun secret pour Florence Maruéjol. Historienne, égyptologue, elle a collaboré aux publications du C.N.R.S. et du Centre d'Études et de Documentation sur l'Ancienne Égypte (C.E.D.A.E.), et publié divers ouvrages. Pourtant, Florence Maruéjol n'hésite pas à quitter sa table de travail pour aller fouiller... De nouvelles découvertes à venir?

Catherine de Séabra
Pour traduire la chaleur de l'Égypte, il fallait une illustratrice du Sud. Catherine de Séabra, ancienne élève des beaux-arts de Toulouse, a tenté de quitter le "soleil", mais en vain: la Suisse – où elle a collaboré avec Étienne Delessert –, Paris – où elle a commencé sa carrière d'illustratrice en publiant plusieurs ouvrages pour les jeunes – n'ont pu lui faire oublier la ville rouge de Toulouse où elle est revenue vivre et enseigner l'illustration.
Atelier Graffito

Crédits photographiques
G. Dagli Orti: 9; 60, Musée de Louqsor: 62; 66; 67, Musée du Caire - Florence Maruéjol: 61 (droite) - Réunion des Musées Nationaux: 10; 13; 61 (gauche); 63.

Imprimé en Espagne par H. Fournier S.A., Vitoria
Dépôt légal n° 8728-07-90
29.38.0827.02/5
ISBN 2.01.013246-7
Loi n° 49-956 du 16 juillet 1949 sur les publications
destinées à la jeunesse - Dépôt 07-90